AF313649

Jacques Cœur

EDMOND JONGLEUX
(Sociétaire des Gens de Lettres)

Jacques Cœur

« Citoyen de Bourges »

BOURGES AU XVᵉ SIÈCLE

La vie de l'Argentier — Son Hôtel

(Nil mortalibus arduum est...)
HORACE. Chant III. L. I

(A vaillans cuers riens impossible)

» ... de povreté me guementant (lamentant)
Souventes fois me dit le cuer :
— Homme ne te doulouse tant
et ne demaine tel douleur
si tu n'as tant que JACQUES CUER ;
Mieulx vaut vivre soulz gros bureau,
povre, qu'avoir esté seigneur
et pourrir sous riche Tombeau. »
(VILLON, *Testament*).

LIBRAIRIE AUXENFANS — BOURGES

BOURGES

« Ville de Bourgeoisie » au XVᵉ Siècle

« Bourges, cité par deçà les Itales,
« est des Gaules l'une des principales,
« son fond est mis par nature en défense
« droit au milieu de l'Empire de France
« bien équippé et garni de remparts
« d'eau, de fossés et murs de quatre parts. »

(Chaumeau, Histoire du Berry).

AVANT de faire connaître à grands traits au lecteur la vie du Grand Argentier, de cet homme plein de ressources qui permit à Charles VII de continuer à régner sur le pays de France et de libérer le royaume de la domination anglaise, « de ce grand commerçant qui eut toujours un pied en Orient, un pied en France », de ce marchand averti et sagace qui répandait dans tout le bassin méditerranéen le renom de notre pays, ne convient-il pas de donner une vue d'ensemble du Bourges de cette époque.

La carrière incroyable de ce Fouquet du xvᵉ siècle, victime de l'ingratitude d'un roi, ne nous sera-t-elle pas encore révélée par la visite de l'incomparable demeure qui surplombe orgueilleusement au couchant la muraille d'enceinte de la vieille cité, apportant encore, s'il en était besoin, un témoignage de la richesse et de l'esprit d'organisation de ce grand citoyen.

Un plan du xvıᵉ siècle (1567) annexé à l'ouvrage de Nicolaï nous permet de répondre, à peu près, à cette exigence : ajoutons que l'année précédente (1566), l'historien

Chaumeau dans sa description générale du Duché et pays de Berry, s'exprimait ainsi sur « la noble ville et cité de Bourges, qui fut de tout temps métropolitaine » (1) :

« Elle est assise en pays plat, délectable et abondant en tout. L'assiette de l'antique cité appelée Avaricum est un peu pendante sur le côté regardant les marais, de laquelle on voit encore aujourd'hui les murs presque tous entiers qui sont très puissants et faits et construits de si bonne manière et forte composition que ceux qui les ont pu démolir ne l'ont pu qu'avec grand'peine... »

Quant à la forme de cette ville, écrit l'historien, elle est presque faite en ovale « selon le dessin de ses murs et est grande et spacieuse, et pouvant contenir au circuit environ 4000 toises ; elle est munie et garnie de quatre-vingts tours, hautes, épaisses, servant de propugnade et de défense à la courtine de murs. Elle a sept portes ou entrées avec des petites poternes et sept faubourgs joignant lesdites entrées. Toutefois, en temps d'hostilité ou évident péril, n'y a que les quatre portes ouvertes : Bourbonnoux, St-Privé, St-Sulpice et Auron. »

Dans l'intérieur de l'enceinte, outre la Cathédrale, la Collégiale de St-Ursin et la Sainte-Chapelle, on comptait six autres églises, des Monastères, des Couvents, des Prieurés, l'Hôtel de Ville, l'Hôtel-Dieu et l'Hôpital Saint-Julien ; déjà, huit moulins assuraient la mouture des blés.

Il est assez difficile de se prononcer sur le chiffre de la population de Bourges à cette époque, mais certains documents permettent de croire que ses murailles renfermaient près de 7.500 maisons donnant asile à plus de 9.000 familles et, comme à ce moment la crise de natalité ne

---

(1) ... *Borges, chè e la principale cita* « (Bourges, la ville principale). — Dépêche de Albéric Malleta à François Sforza, duc de Milan (Limoges, 2 avril 1465). Dépêches des ambassadeurs milanais sous Louis XI] (tome III, p. 88).

sévissait pas, il est permis de dire, avec quelque vraisem-
blance, que notre ville abritait 60.000 âmes : d'ailleurs,
rien ne paraît excessif dans ce calcul, puisqu'au siècle
suivant Bourges comptait plus de 120.000 habitants, lors
que l'Université attirait dans nos murs un grand concours
d'étudiants étrangers attirés par « l'excellent scavoir » et
le renom des professeurs.

La population était active, laborieuse, se livrant à l'industrie de la draperie et travaillant les laines ; les produits
de cette fabrication étaient si renommés que non seulement dans les contrats de mariage de notre province, mais
encore dans ceux de princes et de grands seigneurs, il était
stipulé que « la future serait vêtue de drap du Berry ».

Dans cette ville aux rues étroites et sombres qui fut en
ces jours le cœur de la Patrie, Bourges était une cité mar-
chande fort importante, et ses foires transportées plus tard
à Lyon après l'incendie du jour de la Madeleine de 1487,
attiraient une foule considérable de voyageurs et de
curieux portant alors la population à près de 100.000 âmes.

C'est à cette époque des foires que le public pouvait
admirer dans les salles du Duc Jehan de Berry [puis ensuite, sous les Galeries du Louvre de Jacques Cœur, sorte
de bourse de commerce, où plus tard devait s'installer le
« Visitouër de la Draperie »] les produits de ces pays fabu-
leux et ensoleillés que visitait la flotte berruyère de
Jacques Cœur, ces galères que conduisaient les Jean de
Village, Jacques le Loup, Gaston Ravaut, Guillaume de
Varye, dans leurs croisières à Damas, à Jaffa, à Beyrouth,
à Rosette, à Phamagouste, capitale de la Chypre, à Alexan-
drie enfin « autre pierre précieuse sertie dans la côte afri-
caine, clef de l'Egypte et de l'Ethiopie, placée au carrefour
de trois continents et de trois races. »

Et l'on y trouvait des laines, des bijoux, des soies, des
tapis, des tissus précieux, des aromates, des essences,

des parfums et même jusqu'à des animaux étranges et
inconnus, curiosités révélées aux peuples d'Occident par
ces voyages des facteurs de l'Argentier : tout cela frappait
l'imagination et aiguisait l'envie : aussi, les transactions y
étaient nombreuses et fructueuses et, de jour en jour, cette
foire prenait du renom et augmentait en importance.

*
* *

Les rues sont animées ; le spectacle en est prenant
pour tous ceux qu'attirent dans notre ville le besoin des
affaires ou recherchent la satisfaction des plaisirs ; — dans
ces voies qui parallèlement enserrent en cercles concen-
triques la Basilique de St-Etienne, dont les tours inégales
semblent des bras levés en un geste hiératique, bourgeois,
seigneurs, marchands, commis, gens du plat pays, se
coudoient en grande hâte, glissant habilement entre les
fardiers : les boutiques et les échoppes débordent sur l'ali-
gnement, encore bien imparfait ; les tavernes attirent la
clientèle par la réclame d'enseignes aux appellations tru-
culentes et les amateurs des vins du crû, non sans mérite
d'ailleurs, se pressent dans des salles enfumées et basses,
où ils les vont déguster en parlant fort, en fredonnant le
couplet à la mode, voire même la ballade de la *« grosse
Margot »* et consomment des fromages ou quelques produits
des « chaircuitiers » ou « rôtisseurs ».

De ci, de là, sur les places ou dans les parties les plus
larges de la chaussée, les petits marchands offrent les
produits qu'ils ont étalés devant une clientèle qui se renou-
velle sans cesse : plus loin, « un joueur de souplesse » ou
quelques sonneurs de cornemuse ou de trompe soufflant
mélodieusement dans leurs instruments, rassemblent les
badauds et les gens musards de nature : le cercle se forme
attentif et curieux, permettant ainsi aux « caïmans, tire-

laines et galants verts » d'exercer leur coupable industrie
en « vendangeant les escarcelles » et ce pendant, des polis-
sons au nez crotté, se battent entre eux, taquinent les
chiens, roulent dans le ruisseau, sillon informe qui découpe de capricieux méandres au centre de la voie, en
charriant les immondices et les déchets de toute nature.

Les porcs et volailles, laissés en liberté sur la voie
publique, au grand désespoir du voyer, accentuent encore
la note pittoresque et sont pour les édiles l'objet d'une
préoccupation constante, à une époque surtout où les épi-
démies et la peste exercent leurs ravages sur la province.

Mais la rue est encore plus animée au jour des proces-
sions, tandis que tintent à toute volée les cloches des
églises, mêlant leurs voix claires et argentines dispersées
aux quatre coins de la cité aux caprices du vent, à celle du
gros Guillaume dont les appels redoutés retentissent aux
jours d'incendies ; la foule se presse aux réceptions de
rois, princes et seigneurs, que marquent des distributions
gratuites de viande et de pain, tandis que coulent à grands
flots les fontaines de vin. La même animation règne aux
abords de la porte s'ouvrant sur la campagne, non loin de
la route de Moulins, quand des condamnés sont menés au
gibet des Justices pour y expier leurs forfaits.

Mais il y a encore d'autres fêtes, telles que la prome-
nade du « Bœuf Villé » et les cortèges des corporations :
drapiers, pelletiers, gantiers, boulangers, bouchers et
poissonniers, se rendant en « belle arroy » à l'église, pour
fêter leur saint patron, précédé du bâton de la confrérie.

Quelle différence entre notre ville, endormie au pied
de sa cathédrale et qui, au dire de Sandeau, possède « la
poésie du cloître », et ce Bourges du xv⁰ Siècle, que son
commerce faisait l'égale des cités italiennes du Moyen-
Age, sortes de république de marchands, et qui devait sa
vitalité à Maître Jacques Cœur, cet autre Médicis !

C'est à lui qu'elle devait sa splendeur et son renom, car il fut non seulement le représentant de l'émancipation de la Bourgeoisie, mais encore l'un des plus grands artisans du prodigieux développement de l'évolution commerciale de la France.

Pourquoi fallut-il qu'un roi, oubliant les services rendus, donnât l'exemple d'une si cruelle ingratitude que Chastelain, le chroniqueur des ducs de Bourgogne, n'hésitait pas à la dénoncer dans les vers ci-dessous, extraits des « Recollections des merveilles advenues en nostre temps » :

> ... « Puis ay veu par mistère
> Monter un argentier
> Le plus hault de la terre,
> Marchand et financier
> Que depui par fortune
> Veis mourir en exil
> Après bonté mainte une
> Faite au Roy par icil. »

JACQUES CŒUR

Sa vie, ses débuts

Grandeur et décadence — Sa mort

Pierre Cœur, marchand pelletier — Naissance de Jacques Cœur — Il se marie à Macée de Léodepart — Il exploite la Monnaie Royale avec Ravaut le Danois et Pierre Godard de Bourges — Jacques Cœur trafiquant et associé des frères Godard — Première tentative malheureuse (1431) : il fait naufrage sur les côtes de Corse.

Portrait de Jacques Cœur — Opinions diverses sur l'homme.

Charles VII et Agnès Sorel « la dame de Beauté » — Jacques Cœur devient successivement conseiller du Roi, argentier, diplomate, commissaire aux Etats de Languedoc — Il contrebalance l'influence puissante de Venise, de Gênes et de Florence.

Sa flotte — Commis et patrons de galères — Recrutement des équipages.

Ses biens : Florence, Montpellier, Lyon, Tours, Bourges, etc...

Les mines : le personnel : ses associés : les frères Baronnat.

Il avance aux grands seigneurs des sommes importantes
— La fortune l'abandonne — Ingratitude du Roi — Arrestation de l'Argentier — Son procès — L'accusation — Sa condamnation. Jugement des chroniqueurs — Sa femme meurt de chagrin.

Dévouement de ses commis — Il quitte Poitiers et s'évade de Beaucaire — Jacques Cœur se rend à Rome où il est accueilli par le Pape Nicolas V qui le nomme Amiral et Capitaine de l'Eglise contre les infidèles — Calixte III arme une flotte et la confie à Jacques Cœur — Expédition de Rhodes contre les Turcs — Malade, il s'arrête à Chio et y meurt. Son corps est transporté à Mytilène.

Louis XI réhabilite sa mémoire et restitue ses biens à ses enfants.

La Ville de Bourges lui élève une statue, œuvre de Préault (15 mai 1879).

« ... *Cœur mit dans son blason trois cœurs
rouges et l'héroïque rébus " A vaillans [cœurs]
riens impossible " »* (1).

(MICHELET).

VERS la fin du XIVe siècle, un marchand pelletier de
St-Pourçain, Pierre Cœur, attiré par la renommée de
ce Mécène que fut le duc Jean de Berry, vint s'établir à
Bourges ; il ouvrait boutique dans un des immeubles bâtis
à proximité du Palais Ducal, non loin de la Sainte Chapelle, à l'angle des rues des Armuriers et du Tambourin
d'Argent (rue d'Auron actuelle).

C'était un des quartiers les plus commerçants de la cité
et dans cette maison où fréquentait la clientèle riche,
Jacques Cœur vit le jour entre 1395 et 1400.

Vers 1420, il épousait la demoiselle Macée de Léodepart, fille du valet de chambre de Jean de Berry et prévôt
de Bourges ; Jacques demeurait alors avec son père. Ce
dernier l'initiait à la pratique des affaires et si grande était

---

(1) Il existe au Musée de l'Armée un guidon (don de M. Germain Bapst,
26 avril 1905), catalogué comme suit :

« Guidon que l'on suppose être celui d'une compagnie de gendarmes d'Anne
d'Autriche ou d'une compagnie d'archers de Bourges, forme carrée, 0,70 de
côté ; porte à l'avers le chiffre d'Anne d'Autriche sous une couronne et la date
1646 ; au revers, la devise de Jacques Cœur " A cœur vaillant rien impossibel "
(*sic*) — soie grenat très passée de couleur, ornements brodés argent formant en-
cadrement — inscription brochée argent, franges argent sur trois côtés. »

l'application du jeune homme, si profitables étaient les
leçons paternelles, que plus tard, aux dires de Chartier,
« il inventoit les manières et trouvoit toutes les subtilités,
afin d'avoir finances et recouvrer argent de toutes parts,
dont il a fallu sans nombre, pour entretenir les armées et
souldoyer les gens de guerre. »

Le plus grand désir de son père eût été de le voir continuer le modeste état qu'il tenait, mais Jacques Cœur était
ambitieux, ses vues étaient plus larges. Il estima qu'il
pouvait faire mieux, aussi, dès qu'il le peut, il réalise son
patrimoine en vue de tenter la fortune par le commerce
avec les peuples étrangers.

Certains auteurs prétendent qu'avant de faire du négoce
il aurait appris et exercé le métier d'orfèvre, mais cette
assertion ne s'appuie sur aucun document ; de son côté,
un historien du Berry, La Thaumassière, écrit : « De petit
mercier, il devint trafiquant » ; cette origine ne paraît pas
plus certaine que la première.

Ce qui est plus précis c'est que la première fois où le
nom de Cœur apparaît dans l'histoire, c'est à l'occasion
d'une procédure où il est mêlé pour fabrication « de
monnaies faibles de poids » : probablement, le cas n'était
pas pendable puisque, le 6 décembre 1429, il obtenait du
Roi des lettres de rémission datées de Mehun-sur-Yèvre.
[Il exploitait la monnaie royale avec Ravaut Ledanois
et Pierre Godard de Bourges.]

Défendons-nous de juger les hommes et les faits d'une
autre époque avec nos idées d'aujourd'hui : notre façon de
voir et de sentir ne correspond aucunement aux mœurs
de ce temps : d'ailleurs, est-ce que les rois, eux aussi, ne
rognaient pas les pièces ?

Dès qu'il eut muri le projet qui accaparait toutes ses
facultés, Jacques Cœur s'associe avec les frères Godard,
puis passe à l'exécution du plan qu'il s'est tracé ; la

société ne fut dissoute qu'en 1439, lors du décès des deux associés.

Certes, l'une de ses premières tentatives (novembre 1432) n'est pas encourageante : elle est marquée par un échec complet. Jacques fait naufrage sur les côtes de Corse, à bord de la galée *Ste-Marie et St-Paul*, mais sa volonté ne faiblit pas. Il persévère et ses expéditions suivantes, couronnées d'un plein succès, lui assurent d'importants bénéfices.

Bientôt, il sera le personnage le plus riche de France : « aucuns ont cru, dit La Thaumassière, à cause de ses grandes richesses, qu'il avait la pierre philosophale », l'explication ne manque pas d'un certain piquant : Jacques a seulement de la volonté, le sens des affaires et de la chance.

Néanmoins, son aisance sera telle qu'il prêtera au roi et qu'il ira jusqu'à lui dire : « Sire, tout ce que j'ai est vôtre ». — Il est plus que le banquier des grands seigneurs qui gravitent autour de Charles VII, ce roturier sera leur bienfaiteur, et c'est ce qui le perdra.

On le juge diversement, mais il nous est agréable de citer cette appréciation d'un chroniqueur de l'époque, Thomas Basin, lequel écrit : « C'était un homme sans lettres mais d'un esprit infini et très ouvert, très industrieux pour tout ce qui concernait les affaires. Le premier en France dans le xve siècle, il fit construire et équiper des navires qui transportèrent en Afrique et en Orient des draps et autres marchandises du royaume. A leur retour, ces navires rapportaient de l'Egypte et du Levant diverses étoffes de soie et toutes sortes d'épices. Arrivés en France, quelques-uns d'entre eux remontaient le Rhône, tandis que d'autres allaient approvisionner la Catalogne et les provinces voisines... »

Michelet nous trace la silhouette de l'Argentier et le passage qu'il y consacre mérite de retenir l'attention :

« Le plus beau portrait que Godefroi donne de Jacques Cœur, d'après la planche de Grignon et qui doit ressembler, est une figure éminemment roturière (mais point du tout vulgaire), dure, fine et hardie. Elle sent un peu le trafiquant en pays sarrazin, le marchand d'hommes... »

« La résolution et la dignité s'y combinent avec une certaine bonhomie. Le sourire de l'enjouement tempère par une courbe plus douce l'expression de ses lèvres fines et fermes. » (Jacques Cœur — Vallet de Viriville).

Son activité fut prodigieuse et son nom, prononcé à maintes reprises devant le roi incita le Monarque à se le faire présenter au cours d'un de ses séjours à Bourges ; peut-être apprécia-t-il l'homme et décida-t-il de se l'attacher. — C'eut été une recrue précieuse, à un moment où les affaires publiques étaient si mal en point.

En effet, le règne de Charles VII « le Bien Servi » commençait sous de douloureux auspices : le présent était sombre et l'avenir incertain. Depuis plus de cinquante années, la France tentait infructueusement de secouer le joug d'Albion : Paris était aux mains de l'insulaire, la plus

grande partie du littoral était occupée par la marine
anglaise ; enfin, les provinces du royaume non encore
souillées par la présence des armées ennemies étaient
plongées dans une anarchie sans précédent. Pas d'armée
pour rétablir l'ordre, car les caisses étaient vides et,
profitant de cette situation, des bandes de brigands et
d'écorcheurs couraient les campagnes, pillaient, rava-
geaient tout sur leur passage, tuaient les habitants, incen-
diaient les villages et tentaient même de s'attaquer aux
villes protégées par leurs murailles, mais faiblement
défendues.

Le Roi, jouet de tous ces évènements qui désolaient
son royaume, pensant ne pouvoir compter sur aucun
conseiller probe et sérieux, n'essayait même pas de réagir ;
son royaume est réduit à la possession de Bourges et de
quelques villes environnantes ; il n'est plus connu que
sous le nom de « Roi de Bourges » et l'Anglais le brocarde
impitoyablement, attendant, sans hâte, le moment où,
sans danger, il lui sera permis d'étendre sa domination sur
tout le pays de France.

D'ailleurs, le Roi était solitaire, il « vivait sobrement,
aimant joyeuseté — son jeu était aux échecs et à tirer de
l'arbalète. Il parlait et buvait peu ».

« C'est une femme, Agnès Sorel, dit Brantôme, qui
devait le tirer de cet état de torpeur ». A peine a-t-il
aperçu la « Demoiselle de Beauté », (de la seigneurie de
Beauté-sur-Marne), qu'un de ses favoris, Pierre de Brézé,
lui fit connaître, à peine a-t-elle conversé avec lui que le
Roi est transfiguré : « il acquiert cette volonté qui lui
manquait jusqu'alors et sous l'impulsion généreuse de
cette vraie française, quittant sa chasse et ses jardins, prit
le « frain aux dents » si bien que par son bonheur et
vaillance, il chassa les Anglais du royaume ».

Mais cette louable activité devait l'abandonner vers la

fin de son règne et nous le verrons, lors du procès de Jacques Cœur, désemparé, prisonnier des « vaultours de cour », perdant toute valeur morale et laissant accabler, condamner et dépouiller par des débiteurs insolvables, grands seigneurs à l'âme vile, celui qui avait sauvé sa couronne et la France.

L'opinion de Brantôme est inexacte en partie, en ce sens, qu'à cette époque, Agnès était fort jeune et ne devint la favorite du Roi qu'en 1443 : Charles VII ne céda-t-il point plutôt aux instances de Charles d'Anjou et de Richemont, ses confidents.

C'est vers cette époque que le commerce de Jacques Cœur est le plus florissant, car son importance s'est accrue de jour en jour ; — en 1431, un écuyer du duc de Bourgogne rapporte : « Quand nous fûmes venus à Damas, nous y trouvâmes plusieurs marchands français, vénitiens, génois, florentins, entre lesquels il y avait un français nommé Jacques Cœur qui depuis a eu grant autorité en France. » L'année suivante (1432) il est signalé à Beyrouth.

Seul, sans appui, Jacques Cœur avait pu contrebalancer l'influence déjà puissante de Venise, de Gênes, de Florence, de ces petites républiques italiennes qui monopolisaient toutes les branches du commerce. A force d'efforts soutenus, de volonté persévérante, d'énergie que rien ne peut entamer, il avait fait construire, armer des galères, recruter du personnel : il crée un cadre dévoué et ouvre plus de trois cents comptoirs, où ses facteurs réalisaient des affaires.

En 1436, sur les instances de Charles VII, Jacques Cœur assume la charge de « Commis au fait de l'Argenterie » : il a environ quarante ans, il est dans toute la force de l'âge : « la guerre veut de l'argent, Jacques Cœur sut en trouver » ; aussi, deux ans sont à peine écoulés, qu'il est élevé au titre d'Argentier, fonction disparue depuis longtemps et que l'on fait revivre pour lui.

A partir de ce moment, son ascension est rapide. En 1442, il est conseiller du Roi et, bientôt il sera chargé  d'importantes missions diplomatiques auprès du Pape et du Sultan ; c'est lui qui met d'accord le Pape Nicolas V et Félix duc de Savoye élu pape au concile de Bâle, c'est lui qui joue le rôle de négociateur avec la République de Gênes. Ajoutons qu'à diverses reprises, il est envoyé comme commissaire du Roi aux Etats de Languedoc (1442-1444). — Il préparait l'ordonnance de 1443 en faveur de la Draperie, la principale industrie berruyère. En 1446, enfin, il est membre du Grand Conseil.

C'est grâce à une avance de 24.000.000 (200.000 écus) que l'Argentier verse au trésor de la Couronne, que la Normandie peut être arrachée à la domination anglaise ; en même temps, il prête 60.000 livres pour le rachat de Cherbourg et avance des sommes importantes à la noblesse besoigneuse : — combien d'écus d'or Cœur remet-il au Comte de Foix, à l'évêque de Maguelonne, au seigneur de Biron, à la Dame de Joyeuse....... pour n'en citer que quelques-uns.

C'est alors que Charles VII l'ennoblit (avril 1441) (1) ; cette élévation si bien méritée accentua encore la haine de ses débiteurs, mais ne modifia en rien la ligne de conduite que s'était imposé l'Argentier : il continua de commercer avec la même énergie et le même esprit de suite.

Une élite de commis sert ses intérêts : il les tient en haleine, mais les récompense : le dévouement dont ils font preuve dans toutes les occasions, affirme les qualités de cœur de celui qui les dirige et les encourage. Son chef d'escadre est Jean de Village, « son ambassadeur », qui deviendra plus tard son neveu, et, sous Louis XI, son premier comptable, Guillaume de Varye, se verra confier un poste important dans les finances : comme commis, nous trouvons les Jobert, les Thierry.., et ses patrons de galère, gens énergiques et pleins de savoir, se nomment Forest, Gaillardet et Guillaume Guimard.

Disons que le service de ses galères lui sera singulièrement facilité par une ordonnance de 1443 légalisant le recrutement forcé des équipages ; en effet, le roi l'autorisait « à faire des raffles en Languedoc et d'embarquer de force sur la galère qu'il envoyait périodiquement en Orient », les « personnes oyseuses, vagabondes et autres caïmans. »

Sa fortune déjà considérable s'accroit encore ; outre ses galères et ses nombreux établissements à l'étranger, il possède à Florence une manufacture de soieries, à Montpellier, sa principale maison de commerce que bientôt il transportera à Marseille, une teinturerie marche à plein

---

(1) « Des lettres données à Laon par Charles VII en avril 1441 lui octroyèrent « en considération de ses mérites et services par lui rendus tant en sa charge d'argentier que autrement », les privilèges de la noblesse pour lui, sa femme et leur postérité. » [Vallet de Viriville, p. 11.]

rendement ; à Rochetaillée, il a créé une papeterie, puis il obtient du roi le monopole de la fourniture du sel dans différentes villes : Tours, Bourges, Loches, etc... ; ses propriétés sont nombreuses et en dehors de son palais de Bourges, il a acquis à Tours, l'hôtel de l'Argenterie, trois hôtels à Lyon (hôtel de la Rose, hôtel devant St-Nizier et la Maison Ronde), les Hôtels de Ville de Montpellier et de Beaucaire et plus de trente autres maisons, tant à Béziers qu'en d'autres lieux, notamment en Berry.

Bientôt, le roi lui concédera la ferme des mines d'argent, de cuivre et de plomb du Lyonnais et du Beaujolais qu'il exploite avec deux lyonnais, les frères Baronnat ; dans ces industries, la marche des services est assurée par un cadre extrêmement complet : à leur tête est placé un gouverneur ; les agents comptables sont contrôlés par un inspecteur des recettes et des dépenses et l'exploitation qui se fait à la lumière de la chandelle avec des coins et des marteaux, est dirigée par un chef règnant sur une foule hiérarchisée : on y remarque ainsi des ouvriers spécialisés tels que les « maîtres de montagne », les « ouvriers du marteau », auxquels prête la main une nuée de manœuvres et de charpentiers.

Pourquoi donc alors s'étonner des richesses considérables qu'il avait ainsi acquises ? (1) Un travail incessant les justifiait et si son train de maison fastueux pouvait rivaliser avec celui des grands seigneurs, il ne le devait qu'à lui-même et à ses qualités d'ordre et de méthode. S'il fut le type achevé du brasseur d'affaires, il fut surtout très en avance sur son temps, car il comprenait à merveille l'art de spéculer et ne perdait aucune occasion de faire

---

(1) « Ainsi se fist Jacques Cueur riche. » (Rabelais). — Gargantua, chap. v. (Les propos des beuveurs). Lyon 1534. La richesse de l'Argentier était donc proverbiale au XVIe siècle.

fructifier ses capitaux. Si la chance lui eût souri plus longtemps, il eut devancé Colbert et créé une marine militaire.

Enfin, ce roturier avait l'âme d'un Mécène ; cet homme pratique, à l'esprit ouvert aux moindres manifestations de l'art, avait un sens précis de la Beauté.

On insinua que l'origine de sa fortune résidait dans sa collaboration à des affaires louches de monnayage, et dans son procès, le chancelier Jean Jouvenel des Ursins n'hésite pas à le comparer à « ceulx qui dérobent les gens en ung bois » ; il ne faut voir dans la violence de ces accusations, que la volonté bien arrêtée de charger un citoyen mis dans l'incapacité de se défendre ; ne fallait-il pas justifier, si cela était possible, les raisons d'un procès inique dont les mobiles honteux éclataient aux yeux des honnêtes gens et révoltaient les consciences droites.

Il est certain que ce procès fut d'une partialité sans exemple et que les « chiens du palais » n'avaient pour but que de légaliser le partage des dépouilles d'un homme condamné, parce qu'ils ne pouvaient se libérer envers lui des sommes dont ils étaient débiteurs.

Ne faut-il pas voir aussi dans ce grand drame judiciaire un épisode de la lutte engagée entre la noblesse et la bourgeoisie, de cette lutte entre une masse d'oisifs accoutumés à jouir sans travailler et ces gens de bureau, possédant le secret des affaires, travaillant sans relâche et, accroissant leur fortune, en conservant auprès du roi un crédit que le monarque ne pouvait accorder à d'autres.

Ce qui surprend et afflige tout homme impartial, c'est que ce procès entrepris en 1451, coïncide presque avec le moment où, sous l'énergique impulsion de l'Argentier, l'ordre est rétabli dans les finances, où les impôts peuvent être perçus et où le trésor royal possède enfin les res-

sources nécessaires à l'entretien des armées et des dispo-
nibilités considérables.

*
* *

Nous allons maintenant assister aux étapes d'un calvaire
que n'aurait jamais dû gravir l'homme dont le génie sauva
la France ; là encore, il faut insister sur ce point que
« persécuté et dépouillé par ceux-là même qu'il avait
servis, il est traité comme une proie par des gens comblés
de ses bienfaits. »

N'était-ce pas d'ailleurs la seconde victime de
Charles VII ? Jeanne d'Arc est trahie à Compiègne, livrée
aux Anglais et expia sur le bûcher de Rouen son ardent
patriotisme ; à son tour, Jacques Cœur est arrêté, jeté en
prison, mis à la torture, conduit de geôle en geôle, de
tribunaux en tribunaux. Enfin par la volonté de ses ennemis et la lâcheté de son roi, on finira par obtenir la com-
plicité des juges : ils le condamneront au banissement et à
la confiscation de ses biens.

N'est-ce pas une amère dérision que cette miniature
du xvᵉ siècle où l'artiste nous le montre un cierge à la main
faisant amende honorable devant Charles VII « qui semble
l'absoudre ».

Résumant ce procès, un historien du xvᵉ siècle,
Jacques du Clerc, écrit : « Icelui Jacques Cœur, comme
on disait, avait été cause que le roi de France avait conquis
le duché de Normandie par les grands deniers qu'il lui
avait prêtés et avancés et avait fait au dit roi, maints
prêts. Il était si riche qu'on disait qu'il faisait ferrer ses
haquenées et chevaux de fers d'argent ; il portait en sa
devise et livrée ces mots écrits : *A cœur vaillant rien impossible*. Il avait fait faire à Bourges en Berry une maison
la plus riche de quoi l'on pouvait parler. Toutefois, icelui

roi Charles, l'an précédent 1452, sous ombre de certaines accusations de crimes, l'avait fait prendre et tenir en prison fermée bien étroitement, de laquelle il échappa par le moyen qui serait trop long à raconter ; il s'en alla à Rome et là, se tenait aussi honorablement qu'il faisait en France. Car, nonobstant que tout ce qu'il avait en France (ce qu'on estimait valoir un million d'or, c'est-à-dire dix cent mille écus), avait été mis en la main du roi, de sorte qu'il n'en avait rien, cependant, il était encore riche par les grosses marchandises qu'il avait hors du royaume. »

Demandons également à un autre chroniqueur de l'époque, Mathieu de Coucy ou d'Escouchy, l'opinion générale sur Jacques Cœur : « C'était, dit-il, homme de petite génération, lequel par son sens, vaillance et bonne conduite, se façonna tellement qu'il entreprit plusieurs grandes marchandises. » (1)

Il ajoute « qu'il avait... plus de 300 facteurs sous ses ordres qui le secondaient par tous les pays, car ses vaisseaux allaient en Barbarie et jusqu'en Babylone ; — il faisait venir des dits pays des draps d'or et de soie de toutes façons et de toutes couleurs, ainsi que des fourrures d'hommes et de femmes de diverses manières tant martres, genettes et autres choses étranges, de quoi on eût su finer pour or ni pour argent. »

Il termine, enfin, en affirmant que ses facteurs faisaient vendre, jusque dans l'hôtel du roi, « toutes sortes de marchandises de quoi corps d'homme pouvait penser et s'imaginer, dont plusieurs gens tant nobles comme marchands et autres étaient fort émerveillés et il gagnait chacun an,

---

(1) A signaler que, à Paris, « au n° 49 de la rue Rambuteau, le romantique « buste de Jacques Cœur rappelle aux marchands de quatre saisons et aux char- « cutiers sa prudence, sa probité, son désintéressement qui le rendirent magni- « fique. » [L'art vivant (1ᵉʳ juin 1925, p. 5).]

tout seul, plus que ne faisaient ensemble tous les autres marchands du royaume. »

L'Argentier est un personnage si considérable pour cette époque, il a inauguré une méthode de travail et des formules de commerce si précises et si nouvelles, que même encore de nos jours des historiens anglais et allemands se livrent à des recherches sur sa vie et sur son œuvre.

Récemment, dans un livre écrit par Percy Allen sur le Berry, sous le titre « Berry the heart of France » un important chapitre est consacré à Jacques Cœur ; enfin, dans un ouvrage paru à Berlin sous la signature de Hans Prutz (Etudes historiques, fascicule 93 — 1911) « Jacques Cœur von Bourges — Histoire d'un marchand patriote du xvᵉ siècle », cet auteur cite (en français dans le texte allemand) un dicton rapporté par Mathieu d'Escouchy (édition du Fresne de Beaucourt) :

> « Jacques Cœur fait ce qu'il veut,
> Le Roi ce qu'il peut. »

Dans ses conclusions, Hans Prutz termine en constatant que « en dépit des services rendus, Jacques Cœur n'a récolté que l'ingratitude. »

La fortune est éphémère, l'Argentier devait le constater. Il eut été extraordinaire que les faveurs du roi, que les honneurs dont il avait été comblé, n'aient pas excité la haine de ses ennemis et la convoitise de ses débiteurs insolvables.

Depuis longtemps, il avait des envieux et les mesures qu'il avait prises, non sans peine, pour rétablir l'ordre dans les finances, éviter le gaspillage, permettre de constater les encaissements et de justifier les dépenses, augmentaient encore l'animosité des grands seigneurs impuissants dès lors à jouir de l'anarchie financière dans laquelle le pays se débattait.

Les La Trémoille, les Cadillac, etc... s'emploient donc pour ruiner Jacques Cœur dans l'esprit du roi ; il faut abattre le seul homme qui s'oppose au gâchis, en supprimant en même temps un créancier.

Une circonstance fortuite allait permettre à ces grands seigneurs de donner corps au projet qu'ils caressaient depuis si longtemps. Le seigneur de La Trémoille avait acquis des domaines du Marquis de Montferrat ; ne pouvant en solder l'acquisition, il fait appel à Jacques Cœur ; ce dernier vient à son secours, mais devient le nouveau propriétaire.

Pour assouvir sa vengeance, La Trémoille fait appel au Comte de Chabannes, un ami, Chef d'Ecorcheurs, ancien page de La Hire, et à la dame de Vendôme. Cette dernière accusa Jacques Cœur d'avoir empoisonné Agnès Sorel ; la dame de Beauté venait en effet de mourir presque subitement à l'abbaye de Jumièges, où elle était venue rejoindre le roi.

Cette accusation était d'autant plus invraisemblable que les rapports entre la favorite et l'Argentier étaient empreints de la plus franche et de la plus respectueuse cordialité et que Jacques Cœur avait même été désigné par elle comme exécuteur testamentaire.

Le roi, travaillé avec acharnement par son entourage, donne donc l'ordre d'arrêter son ministre avec lequel il se trouvait à Taillebourg. — Nous sommes au 31 juillet 1451, Jacques Cœur est emprisonné d'abord à Lusignan, conduit ensuite au château de Maillé et enfin dirigé sur Tours. Comme juges, on lui inflige ses dénonciateurs, ses spoliateurs futurs et on alla même jusqu'à lui refuser un défenseur.

Malgré toute la mauvaise foi apportée dans les débats, la dénonciation de la dame de Vendôme est reconnue fausse et elle est condamnée à faire amende honorable à l'Argentier. Cependant Jacques Cœur n'est pas élargi, car, à peine la première procédure était-elle terminée, qu'il était l'objet de nouvelles accusations. Ce n'est qu'après un emprisonnement de plus de trois années et sous les menaces de la torture, que l'Argentier entra dans la voie d'aveux, sans valeur, et qu'il est condamné par ces « vautours de cour ».

Quels étaient donc ces nouveaux chefs d'accusation ?

D'abord, on fait revivre une vieille affaire remontant à 1429, époque à laquelle il avait été compromis dans une question d'altération de monnaie d'or d'un poids moindre que celui fixé par les ordonnances ; ce n'était pas sérieux, puisque, à cette occasion, des lettres de rémission lui avaient été accordées par le roi.

On lui reproche d'avoir contrefait le sceau royal, d'avoir exigé des Gênois, pour lesquels il s'était entremis, une somme de 6.000 écus d'or.

D'autres faits non prouvés cependant, mais plus sérieux pour l'époque, viennent grossir ces accusations mensongères : on le présente comme ayant fait don au Sultan d'armures, d'avoir fait passer en Turquie une grande quantité de cuivre et 20.000 marcs d'argent ; enfin on l'accusa d'avoir livré aux infidèles un esclave chrétien réfugié dans un de ses comptoirs, puis embarqué sur une de ses galères.

Cette dernière déposition devait avoir une influence énorme sur l'issue du procès, sur des juges qui condamnaient par ordre et pour satisfaire des rancunes, et, coïncidence, la date du jugement portant condamnation est celle même de la prise de Constantinople (29 mai 1453).

Quelques éclaircissements s'imposent sur ces divers chefs d'accusation afin de faire ressortir l'iniquité de la procédure et défendre ce grand citoyen qu'un roi, lui aussi enfant de Bourges, Louis XI, devait réhabiliter :

« C'était sur la déposition formelle de Jeanne de

Vendôme, dame de Montbazon, qu'il avait été emprisonné. Son fils, Jean Cœur, archevêque de Bourges et ses autres enfants intentèrent un procès à cette dame. Elle fut condamnée à faire amende honorable à Jacques Cœur, pour avoir témoigné contre la vérité.

« Il ne fut pas pour cela mis hors de prison. On ne suivait pas contre lui les voies de justice : le roi avait chargé une commission de son conseil d'instruire son procès : elle était formée du comte de Dammartin, du sire de Goufflier, d'un Florentin nommé Othon Castellan, qui avait eu sa charge d'argentier ; enfin de ses plus cruels ennemis. On chercha de nouveaux prétextes. Il fut d'abord accusé d'avoir conspiré contre le roi ; mais il n'eut pas grand'peine à s'en justifier. Alors on trouva d'autres griefs. Il avait, disait-on, fait sortir du royaume beaucoup d'argent et de cuivre, envoyé en Egypte un esclave chrétien réclamé par les Sarrasins, contrefait le sceau privé du roi, ruiné le Languedoc par ses exactions, vendu des armes aux infidèles. Ce fut en vain que ses enfants et lui demandèrent aux commissaires la permission de faire entendre des témoins. On exigea qu'il se justifiât par preuves écrites, et, cependant, on reçut contre lui toutes sortes de témoignages, provenant de gens infâmes, accusés de meurtres et décriés pour leurs crimes. Il demande des avocats et un conseil, et ne put les obtenir. Il supplia qu'au moins on lui permit d'être assisté du principal de ses facteurs de commerce en qui il avait confiance. On ne le voulut pas, et on lui en donna deux qui, selon lui, se connaissaient mal en matières de finances. On interdit à ses fils, même à l'Archevêque de Bourges, de venir en sa prison recevoir de lui les indications nécessaires pour se procurer les pièces justificatives. Les deux facteurs, dont l'assistance lui avait été accordée, n'avaient point licence de lui parler, ni de lui demander des explications sur les choses qu'il indiquait. Ils ne pouvaient recueillir aucuns témoignages, mais seulement chercher des pièces et des registres. » (1).

Le 30 juin 1451, Charles VII prenait possession de Bordeaux par commissaires. Le 26 juillet suivant, Cœur signait de sa main la quittance d'une nouvelle gratification que le roi venait de lui accorder, à Taillebourg, où il était venu le retrouver. — Cinq jours plus tard, il y est arrêté, emprisonné et comme juges on lui donne ses plus cruels ennemis.

. . . .
« Dès lors plus de défense et plus de liberté
Plus même de justice et plus de vérité
Ce roi qui lui devait la fortune et la gloire,
Des services rendus, soudain perd la mémoire.
Livre son grand ministre à ses accusateurs,
Pour juges lui choisit ses propres délateurs,
D'avance offre ses biens à leur meute altérée,
Lui-même prend sa part de l'infâme curée,
Et fait jaillir aux plis de son manteau royal
La souillure sans nom d'un lucre déloyal. » (2).

Frappée de tant d'injustices, sa femme meurt de chagrin pendant le procès et est inhumée dans l'église de St-Aoustrillet. (Restes de cette église dans l'immeuble occupé place Jacques-Cœur par la photographie Abel.)

L'arrêt avait été libellé par Guillaume Jouvenel des Ursins, le chancelier : Jacques Cœur était déclaré convaincu de concussions, exaction, lèse majesté.

Quelques jours après, le 5 juin 1453, il subissait sa

---

(1) De Barante (Histoire des ducs de Bourgogne).

(2) Poésie de M. Buhot de Kersers (mise au concours par la Revue du Berry à l'occasion du Festival-Concert donné au Théâtre le 18 juin 1865, en vue de recueillir des fonds pour l'érection d'une statue de l'Argentier.)

sentence et faisait amende honorable au roi, nu-tête, une torche à la main, en requérant « mercy à Dieu, au roy et à la justice. » — L'arrêt était enregistré au Parlement de Toulouse le 15 août 1453.

Néanmoins tous les malheurs qui le frappaient n'avaient 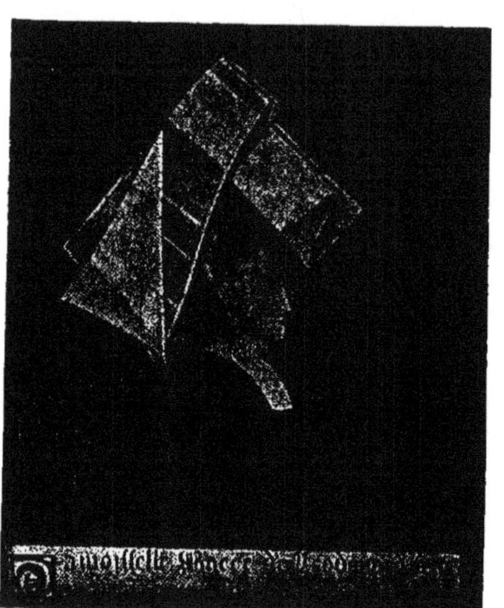 pas altéré le dévouement de ses commis; ils devaient à l'Argentier leur fortune et dans la circonstance, ils resteront ses amis, bien qu'il puisse leur en coûter. C'est ainsi que Jean de Village refusa de remettre aux gens du roi les navires de son maitre ; il ne dut sa liberté qu'à la fuite.

Pendant environ un an, on perd de vue le condamné ; il quitte en secret Poitiers, puis sa présence est signalée dans un couvent des Cordeliers de Beaucaire : c'est un lieu d'asile, lieu sacré et, malgré les ordres du roi, les religieux résistent et refusent de livrer leur hôte : une surveillance incessante des gens du roi interdit toute évasion.

Mais Jacques Cœur ne désespère pas : il écrit à son neveu Jean de Village, alors à Marseille, en lui demandant secours. Ce dernier s'entend avec deux autres facteurs de l'Argentier et engage une vingtaine de compagnons décidés ; ils se rendent à Tarascon, puis font connaitre au Maitre les conditions, le jour et l'heure de l'enlèvement.

Ils traversent le Rhône, à l'aide d'une barque, le jour fixé, joignent les murs d'enceinte de Beaucaire où ils arrivent vers minuit. L'un d'eux connaissait une ouverture dans la muraille ; il ne fallait que l'élargir afin de faciliter l'enlèvement et la fuite.

Ils attendent le moment propice, ils atteignent la chapelle du couvent sans éveiller l'attention, font irruption à l'heure de matines et sous les yeux effarés des moines, ils enlèvent Jacques et l'entraînent sur les bords du fleuve, se jettent dans la barque : bientôt, ils sont sur l'autre rive.

Cœur est sauvé : il se dirige alors vers Nice, gagne Livourne et Pise, arrive à Rome où le Pape Nicolas V l'accueille et lui confère le titre de « Capitaine de l'Eglise contre les infidèles » et le 16 mars 1455, proclame solennellement qu'il est innocent.

Le successeur de Nicolas V, Calixte III, arme une flotte de 16 galères pour chasser les Turcs de l'Archipel grec et confie à Jacques Cœur la direction de cette expédition vers Rhodes, Chio, Mytilène, Lesbos, Tenédos, Lemnos, « toutes ces îles adorables ».

Mais ses jours étaient comptés : l'âge, les fatigues, les émotions avaient brisé la volonté de ce grand citoyen. Après la victoire, il s'arrête à Chio malade et y meurt loin de la France, de ce pays qu'il avait si bien servi avec son cœur et son argent. Mais « sa mort est révoquée en doute par la multitude » comme la mort de Jeanne d'Arc.

Il ne voulut pas toutefois quitter ce monde sans recommander ses enfants au Roi de France ; dans une lettre d'une tenue admirable, il l'implore de ne pas les abandonner et le supplie « de les mettre en état de vivre honnêtement, sans nécessités. » Le Roi « se repentit et fut moult courroucié de ce que oncques on le avait faict mectre prisonnier » ; il avait tué de ses mains la poule aux œufs d'or.

Le corps de l'Argentier fut transporté à Mytilène et déposé dans un caveau de l'Eglise chrétienne.

« Jacques Cœur ne fut pas un parvenu, dit Mérimée, son mérite ne se borna pas à faire une immense fortune ; tour à tour diplomate, ministre des finances, amiral, il se montra toujours digne des hautes fonctions qui lui étaient confiées ; il fut en quelque sorte le représentant de l'émancipation de la Bourgeoisie. »

Quelques années passèrent et Louis XI « ayans à mémoire les bons et louables services faicts par le dit Jacques Cœur » le réhabilite et restitue la plus grande partie de ses biens à ses enfants.

Bourges voulut aussi rendre durable le souvenir de ce grand citoyen :

En 1837, Stendhal, dans ses *Mémoires d'un Touriste*, écrivait sous une forme ironique : « Si jamais les habitants du Berry arrivent à cet excès de dépravation de dépenser de l'argent pour quelque chose qui ne rend aucun revenu, ils élèveront deux statues de de bronze, l'une à Jacques Cœur, l'autre à Louis XI : tous deux nés à Bourges et gens de talent. »

Aujourd'hui, ce vœu est comblé et la grande maison de l'Argentier est encadrée d'un côté par la statue de Louis XI, œuvre de Baffier, tandis que devant la porte d'entrée de la place Jacques-

Cœur (ancien cimetière de Saint-Aoustrillet désaffecté en 1797) s'élève la statue de l'Argentier, due au ciseau d'un élève de David d'Angers, Préault.

« C'est au temps de sa prospérité qu'un des plus grands artistes de notre époque, Préault, représente notre héroïque compatriote : il est jeune, fier, coiffé du chaperon à cocarde, admirablement drapé, sa main gauche repose sur la garde d'une épée et, de sa main droite, il laisse généreusement échapper un flot d'or qui délivrera la patrie de l'occupation étrangère, non en payant sa rançon, mais en organisant et payant la victoire. » (E. Brisson — Discours d'inauguration de la statue.)

C'est le jeudi 15 mai 1879 qu'avait lieu cette inauguration et à cette occasion une masse chorale assura l'exécution d'une cantate, œuvre de Silvestre pour les paroles et de Pilot pour la musique.

Le 6 décembre suivant était rédigé le procès-verbal de réception du piédestal de la statue.

« ... L'architecture du monument, y est-il dit, est du XVe siècle ; elle est exécutée conformément au projet de concours déposé à la Mairie, ayant un double socle et aux quatre angles de petits contreforts surmontés de pyramides avec crochets et fleurons.

Sur la façade principale et vis-à-vis le palais est placée en lettres saillantes l'inscription :

A JACQUES CŒUR, LA VILLE DE BOURGES

Sur la face postérieure est gravée, en lettres carrées, cette inscription :

Inauguré le 15 mai 1870

En présence du corps municipal et des autorités

Eugène BRISSON, Maire.

Sur le côté sud, un bas-relief représente les adieux de Jacques Cœur. Six personnages y sont reproduits :

> Jacques Cœur,
> Macée de Léodepard, sa femme.
> Jean de Village, neveu de Jacques Cœur,
> Une servante,
> Un garçon tenant en bride le cheval de Jacques Cœur,
> Et un autre ficelant un ballot.

Sur le côté opposé : un autre bas-relief représentant la réhabilitation de la mémoire de Jacques Cœur. Il comprend également six personnages :

> Louis XI, Roi de France,
> Son massier,
> Un page du Roi,
> Les trois fils de Jacques Cœur,
> L'aîné, Jean Cœur présente au Roi ses deux freres,
>> Ravau et Geoffroy.

Au-dessus de l'inscription et bas-relief existent quatre panneaux formant frise, composée de quatre trèfles avec cœurs et coquilles et une banderolle sur laquelle se trouvent les devises de Jacques Cœur :

> *A vaillant cœur, rien impossible.*
> *En bouche close n'entre mouche.*
> *Dire, faire de même.*
> *Dire, faire, taire, ma joie.*

*
* *

Mais la statue qui domine ce piédestal n'est pas la seule preuve matérielle de la reconnaissance due aux services de l'Argentier et qui force l'attention des générations ; notre terre, cette terre qu'il a défendue et conservée au domaine royal porte aussi un souvenir durable de cette forte volonté : le chemin de Cosne à Bourges est connu sous le nom de « Chemin de Jacques Cœur ».

L'HOTEL
DE JACQUES CŒUR

Vue générale — Opinions diverses sur l'œuvre : Mérimée, Muntz,... — La fête du 18 juin 1865 — Acquisition par Jacques Cœur du fief de la Chaussée — Propriétaires successifs : Charles de Laubespine (1553). Colbert (1679), la Ville de Bourges (1682) — La Ville voudrait y installer le Musée et la Bibliothèque (1837-1839). mais renonce à ce projet — La Ville cède le palais à l'Etat (1858-1865).

Le palais abrite Charles IX (1562). Louis XIV (1651), le Grand Condé — La foire du Palais y est installée pendant quelques années au cours du XVIIIe siècle — Installation des Tribunaux (1551-1822) — Procès politique des accusés de l'attentat du 15 mai 1848 (Barbès, Blanqui, Raspail. etc...)

L'inventaire de 1450.

LA VISITE DE L'HOTEL — Les façades — La cour d'honneur — La chapelle et les galeries du premier étage.

Les appartements privés — Vue générale — La salle des festins — La chambre des Evêques — La chambre des Angelots — Les appartements de Sébastien de Laubespine — La salle des fêtes — La chambre des galères, appartement du Grand Condé — La chambre d'études de l'Argentier et son passage secret.

Le donjon — La chambre de l'argent — La chambre du trésor ou de « l'huys de fer » — La légende de Tristan et Yseult — Diogène et sa lanterne — La cellule de Blanqui.

Les cuisines et le placard aux épices — Le four et la laverie — L'office et la petite salle à manger — Basse-cour et écuries.

L'hôtel de Jacques Cœur doit devenir un MUSÉE D'ART où sera évoquée la vie privée du xvᵉ siècle.

« Il avait fait faire à Bourges, en Berry,
une maison, la plus riche de quoi l'on pou-
vait parler. »
(Mémoires de Jacques du Clercq, XVe siècle)

« . . . . . . Tout passe. L'art robuste seul a
l'éternité... »
(Th. Gautier, Emaux et Camées).

Maintenant que nous connaissons l'homme, pénétrons dans la demeure ; « il faut (dit Michelet), visiter la curieuse maison de ce personnage,... maison pleine de mystère comme fut sa vie. »

« Après la Cathédrale, la maison de Jacques Cœur est le monument le plus célèbre de Bourges » (dit Mérimée).

Témoin muet d'une brillante époque, l'hôtel de Jacques Cœur, assis sur l'enceinte gallo-romaine de Bourges et dont les tours altières dominent le couchant, est un des joyaux les plus remarquables et les plus typiques de ce temps où, suivant Müntz, « l'architecture civile tend à prendre la première place. »

Ce qui subsiste aujourd'hui du palais ne représente à peine que la moitié du palais primitif : heureusement, c'est la partie la plus intéressante et la plus riche au point de vue architectural : d'un côté, on peut admirer une élégante maison d'apparence bourgeoise, dénonçant toutefois le goût sûr de celui qui la fit construire, mais la façade opposée revêt un tout autre caractère et la masse imposante des tours se découpe sur l'azur, forçant le visiteur placé en contre-bas à lever les regards pour embrasser l'œuvre en entier.

Ce qui frappe d'abord, c'est le manque de symétrie ; pourtant, rien ne choque l'œil, tout s'ajuste avec grâce et avec quelque imagination, il est facile de ressusciter ce que fut autrefois cette demeure, sorte de Bourse de change et de commerce ; quelle vie intense régnait dans ces galeries du rez-de-chaussée ? Aujourd'hui, elles ne voient plus que les visiteurs avides de connaître la demeure « de ce grand et vif génie, éminemment doué de la sagesse de ce monde » (Th.. Basin), de celui qui dominait la ville de son faste, de cette sorte de Médicis d'une République de Marchands, de cet homme « de grande importance », de comprendre aussi cette époque de transition ou « le style gothique se laïcise et où l'architecture civile se classe au même titre que l'architecture religieuse et militaire ».

Lors de la fête donnée le 18 juin 1865, en vue de recueillir des fonds pour l'érection d'une statue, que seulement la Ville devait inaugurer près d'un demi-siècle plus tard, un poète berruyer (1) nous trace dans un style délicat ce palais qui est l'orgueil de la cité :

> « . . . . Aux lieux de sa naissance
> Il construisait pour lui ce logis de bourgeois,
> Qu'à peine ont égalé le palais de nos rois.
>
> Sur les vieux murs romains, aux éternels vestiges,
> Il élevait ces tours qui donnent des vertiges.
> La pierre prodiguait ses plus légers arceaux
> Les rampes, les balcons, aux élégants rinceaux,
> Les riches écussons, les balustres, les grilles
> Les légendes, les fleurs, les cœurs et les coquilles.

---

(1) M. Buhot de Kersers (Lauréat du concours ouvert par la *Revue du Berry*).

Les toits aigus de plomb, aux feuillages dorés,
Découpaient sur les cieux leurs galbes azurés.
La France lui prêtait ses fines ciselures,
L'Italie apportait ses classiques peintures,
Il supprimait le temps par son activité,
Et léguait un chef-d'œuvre à la postérité.
. . . . »

Quelques mots d'histoire :

Jacques Cœur, conseiller et argentier de Charles VII, acheta l'an 1443, de Jacques Belin, pour 1200 écus vieux, à raison de soixante-quatre au marc, devant Châteaufort, notaire à Bourges, le fief de la Chaussée, qui est la tour située dans la cour de l'hôtel de Limoges. Cette acquisition faite, il fit construire celle donnant sur la place Berry, et son hôtel fut bâti entre les deux tours (1). La Thaumassière, dans son histoire du Berry, dit, d'après le manuscrit d'un vicaire de la Sainte Chapelle, que la construction de cet hôtel a couté 135.000 livres. Cependant, Jacques Cœur, son petit-fils, ne le vendit à Antoine Turpin, le 8 octobre 1501, que pour la somme de 15.000 livres, quinze aunes de velours noir et quatorze aunes de camelot. En 1541, dit Glaumeau, il fut transformé en collège. « Je m'en allai demourer au grand hostel et regentoys sous maistres Denis Clavière et Nycolle Brunet principaulx. »

L'hôtel a appartenu depuis à plusieurs propriétaires ; mais le 15 mai 1679, il fut vendu par décret des requêtes du Palais sur Mgr Charles de l'Aubespine, Marquis de

---

(1) « ... car en icelle ville, il avait fait faire un hôtel, tel et si spacieux qu'on le pouvait bien nommer ouvrage de roi, garni de meubles selon la façon du dit hôtel. » (Chroniques de Mathieu de Coucy.)

Châteauneuf, et adjugé à Mgr Jean-Baptiste Colbert, secrétaire d'Etat. — Il avait été acquis en 1553 par Mgr de l'Aubespine que le « fit rebastir et racoutrer magnifique- ment ». « Il fit aussi tailler, retailler et asseoir le pavé de la grande cour. »

Par acte du 30 janvier 1682, reçu Noël de Beauvais et Moufile, notaires au Chatelet de Paris, Mgr Jean-Baptiste Colbert, Chevalier, Marquis de Chateauneuf, etc..., a vendu, à titre de cens perpétuel et irrévocable, aux bour- geois et habitants de la Ville de Bourges, en la personne de M. Hugues-Bengy, fondé de pouvoir de M. Claude Bécuau, et de MM. les Echevins, le fief de la Chaussée, appelé hôtel Jacques Cœur, avec toutes ses appartenances et dépendances.

Cette vente a été faite moyennant un écu d'or sou par an, valant cent quatorze sous de la nature du cens qui se paie au Roi ; trente-trois mille livres en deniers d'entrée, et à la charge d'une médaille d'argent au prix de dix livres de quatre en quatre ans, portant d'un côté le nom et les armes du seigneur de Chateauneuf, et de l'autre le nom du Maire en charge avec les armes de la ville et le millé- sime.

Le 28 février de la même année, l'acquisition était ratifiée par les conseillers Trente-deux et quittant l'ancien Hôtel de Ville (aujourd'hui Petit-Lycée), les séances de l'assemblée municipale eurent lieu dans le Palais de Jacques Cœur, dont une partie déjà était occupée dès 1551 par les cours de justice. La mairie y demeura jusqu'au moment où l'entretien de l'hôtel devenant trop onéreux, la ville de Bourges le cédait à l'Etat par actes des 19 juin 1858 et 18 décembre 1865, au prix de 800.000 francs ; [le tableau des propriétés nationales (1876) estime l'immeuble et ses dépendances à une superficie de 3.768 mètres carrés et au prix de 1.058.100 francs.

A partir de cette époque, tous les services judiciaires s'y installaient et, déjà d'ailleurs, la cour d'appel y avait tenu ses audiences dès le 18 novembre 1822.

Un nouveau Palais de Justice, installé rue des Arènes dans l'ancien couvent des Ursulines, grâce aux sacrifices consentis par l'Etat, la Ville de Bourges et le Département, permettait il y a quelques années, d'y transporter toutes les juridictions, libérant l'hôtel de Jacques Cœur et écartant aussi les dangers d'incendie dont pouvait être menacé l'édifice.

Il n'est pas sans intérêt de rappeler ici que par deux fois, en 1837 et 1839, la Ville voulut installer dans le palais le Musée et la Bibliothèque.

* *

Avant de décrire l'hôtel de l'Argentier qu'il nous est malheureusement impossible de reconstituer comme à l'époque, étant donné les transformations et les démolitions pratiquées depuis le xviie siècle, il est intéressant, à titre documentaire, de rappeler que c'est dans cet immeuble que descendit et logea Louis XIV, le 9 octobre 1651. Il était accompagné de la Reine Mère et du duc d'Anjou. « Ceci fust faict sans aulcune cérémonye ni parade. » Le Grand Condé y habita durant qu'il suivait les cours du Collège Sainte-Marie et, le 1er septembre 1562, Charles IX entrant à Bourges, après un siège contre les gens de la religion y demeura cinq jours.

Dans le courant du xviiie siècle, la foire du Palais se tenait sous les galeries du rez-de-chaussée et contre la façade extérieure place Jacques Cœur ; en 1803, nous trouvons que la Ville autorise un marchand libraire de gravures, le citoyen Euvremar, moyennant le prix annuel de 80 livres, à exposer en vente ses gravures sous la grande porte d'entrée et ses livres dans la galerie à côté.

Enfin, c'est dans ce palais que se tinrent les assises du procès politique des accusés de l'attentat du 15 mai 1848 (Blanqui, Barbès, Raspail, Sobrier, Albert, etc., — 7 mars-2 avril 1849), de ce procès qui vit à la barre comme témoins Lamartine et Vidocq.

S'il nous est impossible, ainsi que nous le disions, de restituer entièrement aux divers locaux actuels, la destination qu'ils avaient, lorsque Jacques Cœur fit construire ce Palais, il nous est toutefois permis, en consultant le dossier du procès, de faire connaître que l'inventaire des biens de Jacques Cœur « de l'ostel Neuf et des biens estan dedans » fut dressé le vendredi 19 septembre 1450 par Octo Castellain, Estienne de Tugnac (lieutenant général du bailli de Berry), Pierre de Valenciennes, prévot de Bourges, avocat et procureur du roi. L'annonce de cet inventaire au cours duquel tous pouvaient témoigner et déclarer, avait été crié la veille aux carrefours de la cité.

De ce document, il résulte qu'à ce moment un certain nombre de tapisseries aux armes et à la devise du roi et de Jacques Cœur ainsi que des tapis de « velus » (velours) existaient dans le palais ; dans les chambres dites « de drap damas brodé à personnages de Nabugot de Nozor », dans celle des « Roleaux bleus et rouges », dans l'appartement « vert et blanc » et dans les deux chambres « de toile » ; on trouva quinze ou seize lits ou couches, avec du beau linge pour les « disnées et festes », mais on louait la vaisselle à un potier d'étain de Bourges du nom de Geoffroy Peschaut.

La vaisselle de cuisine comprenait six à sept douzaines de plats, deux pots de trois chopines, deux pelles, une chaudière d'airain, un bassin de barbier, deux bassins à laver les mains et deux broches de fer.

En dehors de deux douzaines de hanaps « goderonnés » moitié doré moitié blanc, de six gobelets martelés d'ancienne façon, d'une aiguière et de deux pots d'argent, il n'y avait pas d'autre vaisselle, car Jacques Cœur, au cours de ses déplacements, apportait tout ce qui lui était nécessaire, le remportant ensuite à son départ. Cette façon de procéder est expliquée par une des dépositions consignées au cours de l'enquête où il est affirmé que la femme de Jacques Cœur, Macée de Léodepart « dispendait et dissipait tout ce qu'elle avait entre mains et à ceste cause que Jacques Cueur ne laissait que le moins qu'il pouvait en sa méson ».

On peut s'étonner que l'hôtel ne renferma pas un ameublement plus important, mais l'explication en est fournie par le procès-verbal de l'inventaire dans lequel on fait remarquer « que parce que ladicte maison n'étant pas achevée, elle n'était point encore aménagée et attendait le dict Jacques Cœur à la bien aménager et à ce qu'elle fut parfaite, car les ouvriers qui allaient partout dans l'hostel eussent tout gasté et s'en fust perdu beaucoup » : pourtant, en septembre 1450, l'Argentier y donne une fête lors de l'élévation de son fils Jean au siège archiépiscopal de Bourges.

La vérité d'ailleurs nous force à dire qu'antérieurement à l'inventaire auquel il est fait allusion, un certain nombre de meubles et d'objets précieux avaient été transférés à Menetou ; ce qui appuie cette assertion, c'est qu'en ce qui s'applique à la salle des festins, un historien de l'époque dit « en icelui temps en tout son hostel, on ne servait, en quelque temps que ce fut, que tout en vaisselle d'argent. »

VISITE DE L'HOTEL[1] -- Les façades

« On voit à la bien regarder, dit Michelet, que cette maison montre et qu'elle cache : partout on y croit saisir deux choses opposées, la hardiesse et la défiance du parvenu, l'orgueil du commerce oriental et en même temps la réserve de l'Argentier du Roi. Toutefois la hardiesse l'emporte ; ce mystère affiché est comme un défi au passant. »

L'Hôtel comprend quatre corps de bâtiments régnant sur une cour centrale. La façade regardant le couchant est élevée sur l'enceinte gallo-romaine et en a épousé fatalement la forme. De ce côté étaient les fossés de l'enceinte « elle a encore quelques rudesses : ses grosses tours sont de solides défenses ». — Le donjon (tour centrale) est connue sous le nom de tour de la Chaussée (une vue de cette façade, inexacte d'ailleurs, est représentée dans les très riches Heures du duc de Berry, servant de fond à la représentation du miracle de Saint-Antoine de Padoue (Musée Condé, à Chantilly). — Une poterne et un passage en pente permettaient aux cavaliers d'accéder dans la cour centrale de plein pied avec la façade opposée donnant rue

---

(1) Nous nous sommes bornés à signaler à l'attention du visiteur les parties de l'hôtel les plus remarquables ; tout d'ailleurs est à admirer dans cette maison d'un riche bourgeois du xve siècle ; les moindres sculptures, les moindres détails méritent de retenir l'attention.

Voir au Musée du Berry (galerie de peinture) un tableau de J. de la Nézières, « Jacques Cœur faisant visiter à Charles VII les chantiers de son palais en construction. »

Jacques-Cœur, anciennement de la Ceuillère, dont l'aspect
est absolument différent et présente le type de l'architecture civile du xvᵉ siècle ; un pavillon central est flanqué
de deux ailes, mais là aussi des modifications ont altéré le
caractère primitif de la construction. On peut s'en rendre
compte en comparant l'état actuel avec une miniature du

livre d'Heures que l'on dit avoir appartenu à Jacques
Cœur II, actuellement au Musée de Munich.

Les chambres du premier étage sont éclairées par
des fenêtres à meneaux « encadrées par des colonnettes
prismatiques reposant sur des culots où sont sculptés
des masques variés. »

Dans les allèges du comble sont représentés les cœurs
et les coquilles qui meublent les armoiries de Jacques
Cœur et dans une balustrade, la devise de l'Argentier
s'étale orgueilleusement.

De ce côté de l'édifice, le rez-de-chaussée n'avait pri-
mitivement aucune fenêtre à l'extérieur : « Il écoute,

observe et se tait. » On pénètre dans la cour par une porte
principale à côté d'un guichet destiné aux piétons. Cette
porte date de 1835 et a été faite d'après les débris de l'ancienne que possède le Musée de Berry *(ancienne demeure
de Cujas — rue des Arènes)* ; le heurtoir (sauf le marteau
datant de 1850) est au complet.

Le tympan de la petite porte présente un ange aux
ailes éployées soutenant un écusson « d'azur à la face d'or
chargée de trois coquilles de sable, accompagnées de trois
cœurs, deux en chef, un en pointe. » Au-dessus, on peut
admirer une niche sculptée d'une finesse de travail remarquable.

La porte centrale, destinée « aux chars, aux litières,
aux cavaliers, aux haquenées » est dominée par un balcon
avec dais ; en 1679, suivant ce que rapporte l'architecte
de Colbert, il abritait « une statue de Charles VII sur un
cheval, armée de pied en cap, en pierre, plus grande que
de nature ». — Cette statue « hommage respectueux rendu
à l'autorité souveraine par l'officier du roi » fut descendue

et démolie au cours des premières années de la période révolutionnaire à la suite d'une pétition présentée le 15 septembre 1792 par une députation des « Amis de la Liberté », devenus plus tard suspects.

Encadrant cette loggia « formée de six arcades à ogives, soutenue par un groupe de colonnettes et couronnée d'une galerie découpée à jours » se présentent « deux fenêtres simulées entre ouvertes où deux serviteurs de pierre ont l'air d'épier les gens », ils semblent représenter la « Vigilance » : ils attendent le Maitre, celui qui n'est jamais revenu...

A la base gauche de l'allège de la fenêtre occupée par le serviteur, on peut admirer une sculpture très fine représentant un singe qui lui même fait mine de se pencher.

Aux angles du pavillon, on peut remarquer les armes des Laubespine : à gauche se dresse la tourelle d'escalier dont l'extrémité est richement ornée et se termine « par un campanile ajouré qui contenait la cloche » ; cette dernière est conservée au Musée du Berry et sur le cerveau du timbre on peut lire l'inscription ci-dessous :

MCCCCL ME FIST FAIRE JACQUES CŒUR AU MOIS DE JUILLET

La porte sise à l'extrémité de l'aile nord de cette façade, contigüe à la construction nouvelle a été refaite en 1858 ; elle était plus petite et donnait accès à une courette desservant les cuisines et leurs dépendances.

La façade sud du palais est bordée par un jardin clôturé par une grille ; deux avant-corps et une tourelle l'encadrent ; en retrait, une galerie prenant jour sur la cour intérieure est reliée au côté ouest par une tourelle carrée, conduisant aux anciens appartements des Laubespine. Le pignon joutant la rue Jacques-Cœur est aveugle : il est décoré d'une façon très soignée par une ramperolle à crochets et surmonté d'un fleuron. La ramperolle de gauche est supportée par la tête d'un personnage barbu.

Le bâtiment de gauche contigu à la tourelle est éclairé au rez-de-chaussée et au premier étage par quatre fenêtres à meneaux.

Cour d'honneur [1]

Si les visiteurs pénètrent maintenant dans la cour d'honneur, ils constatent que sur trois côtés, elle est limitée par des galeries ouvertes à arcs surbaissés ; là étaient installés des loges de change et de marchands.

Au-dessus de la porte d'entrée, faisant pendant à la statue équestre du roi, le dais intérieur abritait une statue de Jacques Cœur ; — « La statue équestre du banquier plane impérialement ». dit Michelet.

Sous les galeries ouvertes, supportant les poutres du premier étage règne un cordon ou corniche ; il se rehausse de petites sculptures éparses dans le feuillage. On y trouve des chiens, dont un chien de berger et un caniche tondu en lion ; plus loin, c'est un lézard, puis une bergère ; Phœbé tenue par deux anges voisine l'Annonciation, puis

---

(1) Voir au Musée du Berry une gravure représentant la Cour d'honneur du Palais avec cette mention : « O. de Rochebrune fec. à Terre Neuve — 15 février 1874. »

vient un lièvre suivi d'un renard, un ange musicien, etc. ;
les piliers sont illustrés de personnages et des figurines
ornent les retombées du portail.

Si l'on en croit Viollet le Duc, toutes ces sculptures
étaient peintes ; il en reste quelques traces d'ailleurs et
les couleurs employées étaient le jaune, le brun, le blanc
et le rouge.

Trois tours se dressent
à l'ouest contenant les
escaliers : malheureuse-
ment un architecte du
XVIIe siècle, Fricalet, a
apporté des modifications
intérieures qui ont déna-
turé l'œuvre, en nuisant
à son harmonieuse symé-
trie.

De ces tours, la princi-
pale sise au centre, est de
beaucoup la plus ornée.
— Les sculptures du pre-
mier étage montrent un
palmier, un dattier et un
oranger (allusion transpa-
rente aux pays d'Orient

avec lesquels le Maître commerçait) ; dans un cadre de
palmettes avec certaines devises *« de ma joie »*, puis d'autres
où percent la prudence et la « cautelle » qui furent les
lignes de conduite de Jacques Cœur : *Taire — dire — faire*.
(Aux angles, les lettres R. G. « Réal Guerdon ». Récompense royale). On y trouve aussi les cœurs et les
coquilles.

N'est ce pas là tout le secret de la fortune, n'est-ce pas
là, présentée sous une forme bien philosophique, la sagesse

du marchand au Moyen-Age et ces enseignements peuvent encore servir de directives à l'heure présente.

Au deuxième étage, quatre fileuses, quenouilles en main, contre-partie des vierges sages et des vierges folles; deux portent la quenouille l'étoupe en haut, les deux autres l'étoupe en bas ; n'a-t-on pas voulu mettre en balance les avantages de l'ordre et les inconvénients du désordre ; on y remarque aussi deux foulons et deux colporteurs, rappelant la bonne draperie de Bourges si renommée au xvᵉ siècle.

Mais Jacques Cœur a voulu que son hôtel présente des spécimens de toutes les classes sociales ; il était de petite extrace et s'en enorgueillissait ; aussi, au troisième étage, voit-on un homme et une femme du peuple voisinant avec deux personnages de la noblesse ; on pense que le seigneur dont le manteau est semé de coquilles et qui tient un marteau à la main, présentant une fleur à sa femme, serait le maître du logis ; n'avait-il pas été le maître de la Monnaie. Ceci tendrait à prouver que le reproche qui lui fût adressé d'avoir trempé dans une affaire louche de monnayage n'était pas aussi grave que l'on veut bien dire.

Une balustrade ajourée de cœurs et de coquilles sculptés dans des quadrilobes couronne cette tour et l'épi de la couverture est terminé par un bouffon en plomberie, objet d'une récente restauration.

La tour de droite conduisait aux cuisines, à l'office et aux communs de la maison : le tympan en accuse nettement la destination : c'est une scène fouillée dans la pierre : un enfant tourne la broche, tandis qu'une femme lave la vaisselle, cependant qu'un cuisinier est occupé à piler des épices dans un mortier ; on remarque aussi une cheminée dans laquelle un coquemar est pendu au-dessus d'un feu.

Enfin, la tour de gauche, très sobre de décorations, porte un tympan décoré d'entrelacs, mais dont l'écu a été bûché.

Plus loin, à gauche, le passage donnant jour sur les fossés et la porte de la cave, abritée sous un auvent que couvrent des dalles en pierre dure.

Cette cour d'honneur, toutefois, ne présenta pas toujours l'aspect actuel ; il fut profondément modifié à plusieurs reprises, notamment au XVIII⁰ siècle, sous l'Empire et sous la Restauration.

Pour s'en convaincre, il suffit d'examiner une gravure datée de 1836 : on y constate que les galeries du rez-de-chaussée et du premier étage sises, côté nord, étaient à cette époque transformées en bureau.

Tout d'abord, l'Hôtel de Ville avait occupé la partie supérieure du grand bâtiment régnant à l'ouest et les tribunaux s'étaient installés au rez-de-chaussée en

utilisant également les salles du bâtiment prenant jour sur
la rue Jacques-Cœur ; en 1811, le Tribunal de première
instance qui était entré dans ce palais le 16 prairial an VIII
fut logé au rez-de-chaussée (côté nord), puis au premier
étage.

D'autre part, la fenêtre centrale de la grande salle du
rez-de-chaussée, où se tenait la Cour d'assises (ancienne
salle des festins), avait été transformée en porte à l'époque
où la venue à Bourges de Louis XV fut envisagée ; elle
donnait sur un perron desservi par un escalier à double
révolution.

Heureusement, ces fautes de goût furent réparées ; aujourd'hui, on a enfin rendu à cette partie de l'édifice son
caractère primitif.

*
* *

Dans cette cour où voisinèrent autrefois grands seigneurs, marchands et bourgeois, dans ces galeries et ces
salles où règne un silence évocateur, il est loisible au
visiteur de méditer sur l'ingratitude des rois et d'opérer
un facile rapprochement entre les fortunes semblables de
ces deux surintendants des finances : Jacques Cœur et
Fouquet.

Chapelle -- Galeries du 1er étage

Les appartements qui peuvent être visités actuellement
sont situés au premier étage du bâtiment prenant jour sur
la rue Jacques-Cœur et sur la cour intérieure (côtés nord
et sud) ; ce sont la chapelle et les galeries, anciennes
loges de changes et de commerce, correspondant par leurs
dispositions aux galeries du rez-de-chaussée ; elles étaient

en outre à la disposition des marchands juifs pendant la foire annuelle du 19 décembre au 11 janvier (1).

La chapelle sépare les galeries du nord de celles du sud, régnant au premier étage sur trois côtés de la cour intérieure et prenant jour sur la rue Jacques-Cœur : elle se trouve au-dessus du porche d'entrée.

L'escalier qui permet l'accès à la galerie du midi « chambre du mois de l'An » et à la chapelle, a son entrée non loin du guichet : en outre, elle se trouve à proximité du logement du gardien, appartement occupé au xviie siècle par le concierge de l'hôtel et par l'apothicairerie du duc d'Enghien.

On y pénètre par trois baies, dont les tympans sont sculptés et présentent des scènes originales : un enfant de chœur appelle les fidèles au Saint Sacrifice, en agitant une sonnette, un prêtre revêtu de l'aube tient un missel et se dispose à la bénédiction de l'eau, tandis qu'un mendiant appuyé sur une béquille implore la charité en tendant une sébile : — au-dessus de la deuxième baie, l'artiste a figuré un homme portant un chapelet (ou une bourse) ainsi qu'une discipline, puis un seigneur se découvrant tandis que le sacristain lève la nappe d'autel.

La troisième scène enfin nous fait assister à l'arrivée de la maîtresse du logis, précédée d'un page ; elle est accompagnée de ses filles d'atour et de ses dames d'honneur.

---

(1) On ne peut d'ailleurs visiter actuellement, à raison des travaux de restauration qui se poursuivent, les salles comprises dans le corps de bâtiment bordant à l'ouest la cour centrale. — Grâce aus soins éclairés des architectes du Ministère des Beaux-Arts, secondés par M. Gauchery, architecte départemental, artiste de valeur et d'un goût sûr, il nous est permis d'espérer voir, enfin, un jour prochain, la physionomie entière de l'hôtel restituée dans son originalité primitive. — Nous remercions tout particulièrement M. Gauchery des renseignements qu'il a bien voulu nous fournir.

L'escalier débouche au premier étage à l'entrée de la chapelle ; la porte possède au tympan une sculpture de l'Annonciation et la partie supérieure de la menuiserie (panneaux à lobes élégants) a échappé, par miracle, aux différentes restaurations entreprises dans l'hôtel depuis plus d'un siècle.

Pénétrons maintenant dans la chapelle : la lumière y pénètre à profusion par deux fenêtres à ogives : les remplages flamboyants présentent la forme de cœurs et de fleurs de lys. Le maître maçon a ménagé dans les murs latéraux deux oratoires, possédant chacun une petite fenêtre et une cheminée : ils sont décorés des armes de Jacques Cœur et de Macée de Léodepart : ils sont voûtés « sur croisé d'ogives avec crochets ornés de feuillage » et l'arc d'entrée sur la chapelle est décoré de lobes aux pointes terminées par des angelots. Six niches, aux ornements très finement fouillés, meublent les murs de la chapelle.

La voûte est « en deux travées à croisées d'ogive et lierne ».

Des angelots porteurs d'écu constituent les retombées. Ces écus sont frappés aux armes d'amis, de parents ou d'associés de l'Argentier : ce sont celles des Trousseau, son gendre, de Bar, de Varye, de Jobert ; la clef de voûte est timbrée aux armes de Jacques Cœur et de Macée de Léodepart, sa femme.

Les compartiments de la voûte, au nombre de 12, sont

ornés d'admirables peintures ; ce sont « les plus mer-
veilleuses que la France du xvᵉ siècle puisse opposer à
l'Italie ». — Comme au château de Marcouci, on peut y
admirer des vols d'anges, vêtus d'amples tuniques blanches ;
sur leur front, on distingue une petite croix et sur les phy-

lactères qu'ils sup-
portent, sont inscrits
des versets du « Glo-
ria » et du « Cantique
des Cantiques ».

Le fond est d'azur
semé d'étoiles d'or.
— De nombreuses
études ont eu pour
objet de découvrir
les noms des pein-
tres qui ont réalisé
cette œuvre unique :
on a cité d'abord, en
premier lieu, des
artistes de l'école
française : on a attri-
bué à Henri Mélin et
à Jacob de Litemont
ces remarquables

travaux, parce qu'ils exécutèrent pour Jacques Cœur le
vitrail de sa chapelle à la Cathédrale, et tous les critiques
se sont ralliés à cette opinion ; cependant, si l'on en croit
M. de Chenevières dans ses *Recherches sur les Peintres Provin-
ciaux*, ces peintures seraient l'œuvre d'un miniaturiste de
l'école de Jean Fouquet, nommé Bourges.

L'ornementation des murs est d'une date récente.

L'autel, adossé au mur régnant rue Jacques-Cœur, est
surmonté d'un fragment de rétable, dans lequel autrefois

était logé un tableau de maître. Sa beauté attira particulièrement l'attention des ambassadeurs florentins qui
visitèrent ce palais le 19 décembre 1461 ; cette œuvre a
disparu à une époque qu'on ne peut préciser, mais l'on
peut croire que ce tableau (de Filippo) est celui que
possède la Pinacothèque de Munich ; il porte d'ailleurs les
armes de Jacques Cœur et ce Musée possède, en outre, le
livre d'heures de Jacques Cœur II.

Il y avait aussi dans cette chapelle différentes toiles
représentant notamment : Jacques Cœur, Charles VII,
René d'Anjou, etc.

Les galeries

À droite et à gauche de la chapelle, se développent des
galeries aux plafonds en charpente affectant la forme d'une
carène renversée : l'éclairage est assuré par des fenêtres à
meneaux régnant sur la rue et sur la cour intérieure.

Le chauffage était assuré par de splendides cheminées :
deux ont été conservées et restaurées : on peut les admirer
dans le mur de la galerie sud, dite « chambre du mois de
l'An ».

Trois arcades se déroulent sur le manteau de la première et dans chacune d'elles, l'artiste a ménagé une fenêtre
sur l'appui de laquelle deux personnages s'accoudent : un
homme et une femme. — La fenêtre du centre permet de
remarquer des joueurs d'échecs : aux fenêtres latérales,
d'autres personnages s'offrent des fruits, contenus dans
une corbeille.

La frise représente les scènes d'un tournoi populaire,
une quintaine et, dit Michelet, « comme s'il eut voulu
parfois se gausser de la noblesse, de cette noblesse qui
tant de fois faisait appel à sa bourse, il s'est fait sculpter,

pour son amusement quotidien, une joute burlesque, un tournoi à ânes, moquerie durable de la Chevalerie qui dû déplaire à bien des gens... »

La deuxième cheminée représente le couronnement d'un château-fort assiégé : il y a des créneaux, des machicoulis, des lucarnes. Les défenseurs, petites figures dont seule apparaît la partie supérieure du corps, sont aux créneaux. Ils tirent de l'arc, se servent d'arbalètes, soufflent

dans des cors, boivent à même des pots, jettent des pierres, secouent des étendards : dans les deux lucarnes on remarque un seigneur, sa femme, puis deux autres dames richement vêtues et portant les coiffes singulières de l'époque.

L'ensemble de ces galeries servait de lieu de réunion ; là, l'Argentier recevait une nombreuse clientèle, ses facteurs et même les envoyés des nations étrangères et de grands financiers.

Les galeries du nord communiquaient avec un « comptoir » et une chambre sise au-dessus des cuisines.

En somme, cette partie de l'hôtel était réservée aux affaires publiques, à toutes ces réunions réclamées par la situation ou le rôle que jouait Jacques Cœur, soit comme commerçant, soit comme Argentier, soit aussi en qualité de Commissaire du Roi.

La partie de l'hôtel sise à l'ouest, le corps principal, contenait les appartements privés, c'était la demeure du maître.

Les appartements privés

Comme nous l'avons dit plus haut, cette partie du logis ne peut être visitée que partiellement : elle a été d'ailleurs complètement dénaturée, soit par l'installation des différents services qui l'occupèrent au cours des xviie, xviiie et xixe siècles, soit par des restaurations maladroites.

Les fenêtres et la lucarne de ce corps de bâtiment donnant sur la cour d'honneur sont de restauration récente.

A gauche de la cour d'honneur, se trouvent au rez-de-chaussée les grandes salles d'apparat, puis de nombreuses pièces d'habitation, si l'on en juge par les réduits, cabinets, garde-robes, etc., dénoncés par le plan de l'hôtel.

Cette partie de la Grand'Maison s'étend sur deux étages de caves voûtées : disons aussi, que le dernier étage des caves s'ouvre sur des galeries souterraines percées sous le rocher à dix ou quinze mètres de profondeur au-dessous du sol. Les combles sont éclairés par de belles lucarnes ; il est vraisemblable qu'ils durent contenir à une époque assez éloignée des appartements, puisque plusieurs cheminées sont encore visibles.

Salle des festins

En pénétrant par la tour principale, les premières marches de l'escalier permettent d'accéder à gauche dans la grande salle du rez-de-chaussée (ancienne salle des Assises).

Là était la Salle des Festins. Eclairée par trois fenêtres sur la cour et deux sur le rempart : elle était réunie aux différents étages de l'hôtel par trois escaliers. Celui de l'ouest, desservait les salles du donjon, accédant à l'entresol à la tribune des musiciens. (C'est une petite pièce voûtée et dont le solivage est orné des armes de Jacques Cœur et du lion persan).

Une cheminée monumentale, vraisemblablement à double foyer, et détruite au xviiie siècle, occupait le mur sud. Elle mesurait six mètres d'ouverture et le manteau qui la surmontait avait plus de deux mètres de hauteur ; au-dessus, on y voyait les fortifications d'une ville et à chaque extrémité des hauts reliefs représentaient Adam et Eve « appuyés en face de l'arbre de la science du bien et du mal » ; quelques débris en ont été recueillis au Musée et les ambassadeurs florentins dans le récit de leur voyage la signalent comme une véritable merveille, ajoutant aussi qu'ils avaient vu dans le dit hôtel « un crocodile entier mesurant sept brassées ».

Cette salle des festins avait six mètres sous plafond ; « des poutres recevaient le solivage et leur portée (9m90) était alors soulagée par des corbeaux démolis ultérieurement et remplacée par une charpente revêtue d'enduit en plâtre ». — Dans l'aire de la salle, une trappe ouvrait à deux fins : elle permettait au sommelier de fournir aux convives des vins toujours frais et, en cas d'incendie, elle facilitait le dépôt dans les caves, avec lesquelles elle correspondait directement, de toutes les pièces d'argenterie ou d'orfèvrerie.

La chambre des Evêques

De la grande salle, on se rendait par une porte percée sur un couloir, dans l'angle sud-ouest, à une chambre dite « chambre des Evêques » : le tympan de la porte, très

ouvragé, présentait des sculptures où se remarquaient des
« cerfs-volants » ; cette pièce est éclairée par une fenêtre
pratiquée entre la tour gauche et l'aile du sud sur la cour ;
le chauffage était assuré par une cheminée qui s'ouvre sur
le mur sud.

Non loin de là, donnant sur le jardin, on peut admirer
une reproduction du tombeau du duc Jehan de Berry. On

en doit la réalisation à M. Gauchery (architecte de Vierzon)
qui en a fait don au Musée du Berry. Cette œuvre magnifique retient l'admiration de tous les connaisseurs.

A côté, dans la tour sud-ouest, est une chambre voûtée
la « chambre des Angelots » avec son cabinet.

Un escalier mettait en communication la « chambre
des Evêques » avec cette tour et permettait ainsi d'accéder
au premier étage, dont la disposition est absolument identique à celle du rez-de-chaussée.

De la chambre dite des Angelots, on pénètre dans une
pièce éclairée par des fenêtres donnant sur le jardin. —

Les chapiteaux de la cheminée présentent des personnages grotesques, parmi lesquels, il faut citer le fou à la bouche close par un cadenas *« en bouche close n'entre mouches »* (1).

Une porte ouverte dans le mur Est de cette chambre permet de descendre par un escalier dans la magnifique galerie du midi, au plafond en forme de carène renversée où se trouvent les belles cheminées décrites plus haut.

Au XVII⁰ siècle, les salles du premier étage s'étendant au-dessus de la chambre des Evêques et des deux dernières pièces constituaient une partie des appartements de Sébastien de Laubespine, lesquels occupaient, au sud, l'ancien hôtel de Limoges aujourd'hui disparu : il était situé dans le passage existant entre le palais et le théâtre.

La Salle des Fêtes

La chambre sise au-dessus de celle des Evêques n'existe plus, car elle fut réunie à la salle des fêtes pour constituer la salle des audiences de la Cour d'appel : on dû démolir le mur de refend jusqu'aux combles pour obtenir cet agrandissement et la grande cheminée qui l'ornait fut également supprimée.

La salle des fêtes mesurait environ quatorze mètres sur neuf et, comme dans toutes les salles de fêtes des châteaux, une estrade avait été ménagée à l'une de ses extrémités.

Dans ses *Mémoires d'un Touriste*, Stendhal rapporte que « sur les enroulements de la bordure (du papier) on lit à tous moments 27, 28, 29 juillet 1830 ». (Les Trois Glorieuses).

---

(1) Le même proverbe existe et italien « in bocca chiusa non c'entra mosche » ; — en espagnol « en bocca cerrada non entran mosca — et Mérimée le cite en romani dans son « Carmen » : « en retudi panda nasti abala macha ».

La chambre des Galées (Galères)

En sortant de la salle des fêtes, on se rend dans les appartements du premier étage qui règnent au nord de l'escalier central : la différence de niveau est rattrapée par quelques marches. Cet étage est occupé par trois chambres :

En premier lieu la « chambre des Galées » sise au-dessus de l'office : elle est éclairée par deux fenêtres et autrefois, elle était ornée d'un bas-relief figurant une galère. — Sur les vitres « six panneaux représentaient des galères et des navires en peintures fort belles ».

(Des morceaux de ces vitres sont déposés au Musée du Berry).

Ajoutons que cette chambre fut affectée au logement du Grand Condé, à l'époque où il suivait les cours du collège de Sainte-Marie sous la direction des jésuites.

Nous trouvons ensuite une pièce dont la cheminée est malheureusement mutilée : un cabinet contigu donne sur la courtine.

La chambre d'Etudes

Enfin, au-dessus des dépendances de l'office et des cuisines se trouve la *chambre d'Etudes* de l'Argentier.

Prenant jour sur le rempart, elle était chauffée par une remarquable cheminée retrouvée fort abimée derrière les boiseries de la bibliothèque de la Cour.

Le manteau orné de lobes, dans lesquels on remarque des cœurs et des coquilles finement sculptés, était un véritable chef-d'œuvre.

Non loin de cette cheminée, un passage en encorbellement sur la cour des cuisines permettait de revenir vers les galeries du nord ; dans l'épaisseur du mur Ouest, à gauche de la fenêtre, on découvrit l'existence d'un couloir secret que Jacques Cœur empruntait vraisemblablement lorsqu'il désirait se rendre inopinément, à quelque heure que ce soit, dans toutes les parties du palais en vue d'y exercer sa surveillance.

Le Donjon

La tour de la Chaussée ou donjon, comprend à l'entresol une chambre voûtée avec cinq curieux culs de lampe et à la clef les armes de Jacques Cœur.

La chambre de l'Argent

Au-dessus on trouve la *chambre de l'Argent*. On y admire une curieuse cheminée dont le manteau porte un ange aux ailes éployées et tenant une banderole avec la devise célèbre « *A vaillant cœur riens impossible* ».

La chambre du Trésor ou de l' « Huys de Fer »

A l'étage supérieur du donjon existe une salle voûtée dite Salle du Trésor. La serrure ancienne « à clenche » ou « loquet » est intéressante.

Cette pièce est voûtée en ogive ; des culs de lampe d'une très puissante originalité représentent un épisode du roman de Tristan Laonnois.

Si partout ailleurs dans cet édifice, les sculptures répandues à profusion retracent des scènes de la vie sociale il n'en est pas de même ici. Peut-être, touchons-nous là au nœud d'une intrigue, à cette intrigue « d'un grand marchand berrichon qui a gagné de l'argent en Egypte, est

devenu ministre des finances et a perdu son portefeuille
pour les yeux d'une belle Tourangelle... »

Pénétrons donc dans ce réduit, où seul avait accès le
Maître ; que voyons-nous au chapiteau d'une colonne : un
bas-relief qui paraît une énigme. Un seigneur, au costume
recherché, s'avance à pas comptés vers une dame magnifi-
quement vêtue et demi-couchée à terre ; à ses pieds, une
fontaine dans le miroir de laquelle se reflète la figure d'un
roi dont la tête émerge d'un chêne. A quelques pas
derrière ce seigneur, à l'ombre d'un pommier, un fou
contemple la scène d'un air narquois tout en paraissant
mettre une attention soutenue à capturer les mouches qui
viennent se poser sur le tronc.

Que signifie cette scène ? — Est-ce Tristan, l'amant
d'Yseult, reine de Cornouailles ; est-ce le roi Marc dans
son château de Tintagel ? — mais au fait, ne serait-ce pas
plutôt traduite d'une façon durable dans la pierre, certaines confidences que l'Argentier n'ose faire à personne.

Jacques Cœur pénètre seul dans ce trésor ; il peut
ainsi demeurer journellement en tête à tête avec son rêve.
Il possède sous les yeux celle qu'il aime, sa protectrice
fidèle, cette amie sûre pour laquelle il a toujours manifesté
un respectueux attachement.

En admettant cette dernière hypothèse, peut-être
possède-t-on la clef d'un procès que rien ne peut justifier ;
pourquoi aurait-il fait empoisonner, sans motif, celle qu'il
aimait ; pourquoi serait-il devenu prévaricateur quand il
possédait la puissance et la fortune, mais... pourquoi aussi
avait-il oser lever les yeux sur une femme que son roi
avait distinguée, sur cette belle non pareille, sur Agnès
Sorel ! (1).

____

(1) Voir au Musée du Berry un masque funèbre de marbre que l'on croit
être celui de la « Dame de Beauté ». — Une étude a été publiée sur ce sujet
dans le XIIIᵉ volume de la Société des Antiquaires du Centre.

Deux fenêtres éclairent cette chambre : les armes de de Jacques Cœur et de sa femme sont en cul-de-lampe à l'amortissement des nervures. Un personnage, aux yeux mi-clos, tient une lanterne à la main : c'est Diogène cherchant un homme. Plus loin, se présente un personnage soutenant un phylactère dont l'inscription n'est plus lisible, puis vient un ange portant une banderolle et son cou est ceint d'un collier, à moins que ce ne soient des marguerites formant la passementerie de sa robe.

L'étage supérieur possède encore une chambre sise au-dessous de la cellule où fut enfermé Blanqui ; la porte de cette dernière pièce présente un judas s'ouvrant de l'extérieur et la fenêtre est munie de barreaux.

Du sommet de la tour, on jouit d'une vue très étendue ; on découvre tout l'horizon à l'ouest et, à l'est, apparaît, dominant la ville, la majestueuse basilique de St-Etienne, que précède au premier plan le nouvel hôtel des Postes.

Autrefois, un toit coiffait le donjon.

Les cuisines

Il faut ensuite rejoindre l'un des trois escaliers desservant l'entresol de cette aile du logis ; elle comprend le même nombre de pièces qu'au premier étage ; leur distribution est identique.

Au rez-de-chaussée, sont installées les cuisines et leurs dépendances.

Un couloir, longeant la cour, dessert les communs et est éclairé par deux ouvertures prenant jour, la première, sur la place Berry, l'autre, sur une courette, disparue aujourd'hui, et dans laquelle s'ouvrait un puits.

Ces cuisines étaient reliées à la rue Jacques-Cœur (ancienne rue de la Cueillère) par un couloir, pris sur la largeur de la galerie actuelle ; on peut supposer que c'est par cette entrée que les indigents venaient recevoir la desserte des tables.

A côté des cuisines, était ménagée une petite pièce, reliée par un escalier avec l'entresol ; à droite et à gauche du premier palier, on remarque la fosse et la laverie. — Des sculptures, extrêmement fines, existent en cul-de-lampe dans cette dernière pièce.

Enfin, entre la grande salle des festins et la cuisine, était placée une petite pièce, servant soit d'office, soit de petite salle à manger ; elle communiquait, par un escalier droit, avec la cave ménagée sous le donjon. — Dans un angle, on voit une sorte de placard où étaient enfermés, déposés dans des casiers de pierre, les épices et les condiments.

Des cuisines, on regagne la cour d'honneur par la porte de la tourelle contiguë a la galerie nord.

Pour être complets, il nous faut, à titre documentaire, signaler que l'inventaire établi le 12 septembre 1679, par l'architecte Poitevin, lors de l'acquisition de l'hôtel par Colbert, marque que les basse-cours et les deux écuries donnaient place Berry, en contre-bas de douze pieds.

*
* *

Mais il ne suffit pas que des restaurations intelligentes rendent à l'hôtel sa physionomie du xve siècle ; ce ne serait qu'un corps sans âme. Il est indispensable que les efforts entrepris aient une portée plus élevée, un but plus précis.

Ce qu'il faut, c'est animer cette incomparable demeure, lui donner la vie, la meubler, l'orner de chefs-d'œuvre du temps, en un mot, en faire un MUSÉE D'ART, la rendre accueillante et désirable aux érudits, aux amateurs, aux touristes, aux visiteurs étrangers.

Souhaitons que l'Etat, poursuivant l'œuvre entreprise en France depuis plus de vingt années, réalise dans ce ·palais, pour la période du xvᵉ siècle, les transformations et les reconstitutions opérées avec tant de bonheur dans d'autres propriétés nationales.

Ne voyons-nous pas la Renaissance revivre au château d'Azay-le-Rideau et le grand siècle se préciser à nos yeux, dans la visite du château de Maisons-Lafitte. — Trianon a conservé sa physionomie du xviiᵉ siècle, et l'Empire se révèle à la Malmaison.

De François Iᵉʳ à nos jours, il nous est ainsi donné de suivre, pas à pas, les étapes de la civilisation et le développement de l'art français.

Répondre aux désirs que nous exprimons, et nous ne nous faisons en cela que l'interprète de tous les visiteurs, ce sera permettre au public de connaître et d'apprécier, dans ses moindres détails, la vie privée au xvᵉ siècle.

On le peut, on le doit, car la Maison de Jacques Cœur se prête merveilleusement à cette souhaitable réalisation et toutes les objections doivent tomber devant la devise héroïque de l'Argentier :

« A CŒUR VAILLANT RIENS IMPOSSIBLE »

BIBLIOGRAPHIE

ARCHELET (JEHAN D'). — *Bourges-Touriste*.

— Les grands jours de Bourges. — Procès de Blanqui, Barbès, etc. (accusés du 15 mai 1848). — (Paru dans la *Dépêche du Berry*).

Archives municipales (antérieures et postérieures à 1790 — PASSIM).

Archives départementales (Série E).

BACHELET. — Les grands ministres français (1850).

BARANTE (DE). — Histoire des Ducs de Bourgogne.

BASIN (THOMAS). — Mémoires du xvᵉ siècle.

BEAUREGARD (PAUL). — La Vie Commerciale. — Le développement du Commerce et de l'Industrie en France jusqu'au xvᵉ siècle. — Conférence du Foyer (1912-1913).

BLANCHET (ADRIEN). — Le régionalisme et la centralisation dans l'histoire du Berry. (Assemblée de l'Académie du Centre (1923).

BANAMY. — Les dernières années de Jacques Cœur (Mémoires de l'Académie des Inscriptions et Belles Lettres (tome xx).

BRANTÔME. — Vie des Dames Galantes (Discours Vᵉ).

BRISSON (EUGÈNE), Maire de Bourges. — Discours prononcé lors de l'inauguration de la statue de Jacques Cœur (15 mai 1870).

BUHOT DE KERSERS. — Statistique monumentale du département du Cher.

CHATIGNIER. — Notice sur Jacques Cœur. — Société du Berry à Paris (1858-1859).

CHAUMEAU. — Histoire du Berry.

CLAVEL. — Discours prononcé au Lycée de Bourges (1864).

CLÉMENT. — Jacques Cœur et Charles VII.

CLERCQ (JACQUES DU). — Mémoires du xvᵉ siècle.

COUCY (MATHIEU DE) ou D'ESCOUCHY. — Mémoires du xvᵉ siècle.

DANIEL. — Le procès de Jacques Cœur (Discours de rentrée à la Cour de Bourges (1899).

Dépêches des Ambassadeurs de Milan (sous Louis XI) à Ludovic Sforza (tome III).

Dubois. — Le procès de Jacques Cœur.

Essarts (Alfred des). — Les Célébrités françaises (1862).

Focillon. — Les pierres de France.

Frémont. — Le Département du Cher.

Gauchery, Architecte des Monuments Historiques (Note manuscrite sur le Palais de Jacques Cœur).

Glaumeau *(Journal de Jehan)* (1541-1562).

Hardy et Tortrat. — Le Berry.

Hervier (Paul-Louis). — Jacques Cœur à Bourges (*Les Annales*, nº 1407).

Illustration Economique et Financière — Bourges et le Haut-Berry (17 juin 1922).

Jongleux (Edmond). — Bourges et la Révolution Française.

Jongleux (Henri). — Esquisses historiques (Concours régional de 1879).
— Chroniques berrichonnes du xviiᵉ siècle (Le Large).

Lavisse. — Histoire de France (tomes i et iv, 2ᵉ partie).

Martin (Henri). — Histoire de France.

Maulmond. — Les Origines de la Cour de Bourges (Discours de rentrée à la cour de Bourges, 1902).

Mémoires des Antiquaires du Centre et de la Société Historique.

Mérimée. — Voyage en Auvergne.

Michelet. — Histoire de France (tome vii, page 159 et seq.).

Müntz. — Musée d'Art.

Nicolaï. — Description générale des pays et duchés de Berry (1567).

Percy-Allen. — *Berry the Heart of France*, Jacques Cœur (p. 97 et seq.).

Plaisant (Marcel). — La Grand' Maison de Jacques Cœur et la Vie Commerciale (Conférence à l'Union Régionaliste du Berry, janvier 1914).

Procès de Jacques Cœur (Manuscrit).

Prütz (Hans). — Etudes historiques 1911, Berlin, « *Jacques Cœur von Bourges* ».

Rambaud. — Histoire de la civilisation.

Raynal. — Histoire du Berry.

Seignobos. — Histoire de la Civilisation au Moyen-Age.

Société du Berry, Paris (Mémoires).

Spont (Henri). — Jacques Cœur, un grand français (*Petit Journal*).

STENDALH. — Mémoires d'un Touriste (1837).

THAUMASSIÈRE (LA). — Histoire du Berry.

UBICCINI. — Le Berry en Orient (1860).

— Les dernières années de Jacques Cœur (Société du Berry à Paris, 1858-1859).

VALLET (DE VIRIVILLE). — Jacques Cœur (1864).

VEILLAT (JUST). — Notes complémentaires sur Jacques Cœur (1864).

VIOLLET LE DUC. — Dictionnaire d'Archéologie.

Certains clichés sont extraits de : A. BERNARD, *Bourbonnais et Berry*, et de H. HARDY et A. GANDILHON, *Bourges et les Abbayes du Berry*, édités par la Librairie H. LAURENS. (En vente à la Librairie AUXENFANS.)

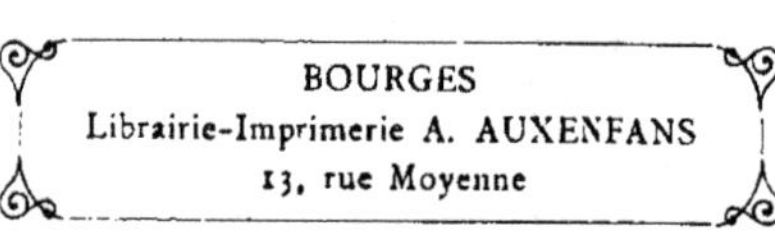
BOURGES
Librairie-Imprimerie A. AUXENFANS
13, rue Moyenne